ERICKSON INTERNATIONAL
Leading since 1980

U0698946

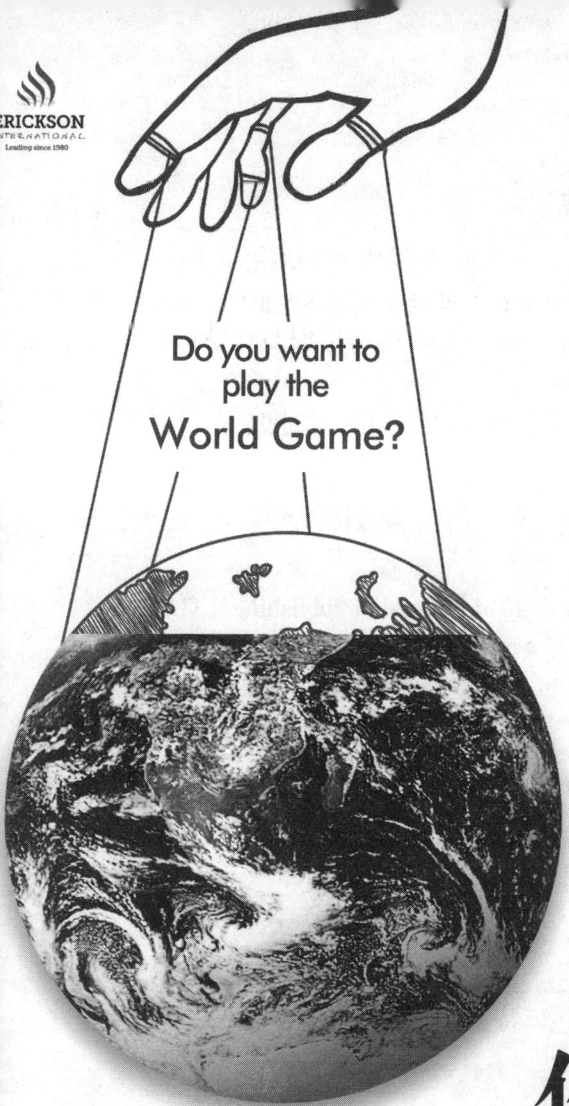
Do you want to
play the
World Game?

你想玩世界游戏吗？

Marilyn Atkinson 玛丽莲·阿特金森◎著
于燕华　马　凯◎译

華夏出版社
HUAXIA PUBLISHING HOUSE

图书在版编目（CIP）数据

你想玩世界游戏吗？/（加）玛丽莲·阿特金森（Marilyn Atkinson）著；
于燕华，马凯译.—北京：华夏出版社，2018.2（2018.8 重印）
书名原文：DO YOU WANT TO PLAY THE WORLD GAME？
ISBN 978-7-5080-9270-6

Ⅰ.①你… Ⅱ.①玛… ②于… ③马… Ⅲ.①教练员-语言艺术
Ⅳ.①G811.34

中国版本图书馆 CIP 数据核字（2017）第 218772 号

The World Game Copyright © 2014 by Exalon Publishing, LTD.
No portion of this book may be reproduced, by any process or technique,
without the express consent of the publisher.
Simplified Chinese translation copyright ©2017 by Huaxia Publishing House.

ALL RIGHTS RESERVED

版权所有 翻印必究

你想玩世界游戏吗？

作　　者	[加]玛丽莲·阿特金森	
译　　者	于燕华　马凯	
策划编辑	朱　悦　马　颖	
责任编辑	马　颖	

出版发行	华夏出版社
经　　销	新华书店
印　　刷	三河万龙印装有限公司
装　　订	三河万龙印装有限公司
版　　次	2018 年 2 月北京第 1 版　2018 年 8 月北京第 3 次印刷
开　　本	670×970　1/16 开
印　　张	13
字　　数	230 千字
定　　价	34.00 元

华夏出版社　地址：北京市东直门外香河园北里 4 号　邮编：100028
网址：www.hxph.com.cn　电话：（010）64663331（转）
若发现本版图书有印装质量问题，请与我社营销中心联系调换。

此书献给——

米尔顿·埃里克森。

他对探寻的热爱，他对每个个体及其能力的那份慈悲与欣赏，激励了我的一生。

我还将此书献给圣雄甘地，他世界游戏的愿景鼓舞了数百万人，去寻找更包容、更珍视生命的生活方式。

玛丽莲·阿特金森博士

致谢

谈到感谢,我的感激之情如潮水般涌出。

在我们启动世界游戏框架之时,我要深深地感谢所有帮助我做准备工作的教练和合伙人们。尤其要特别感谢帕特·欧文、希瑟·派克、乔安·哈里斯、琳达·沃克和保罗·高森,感谢你们贡献火花,参与编辑,并帮我梳理结构。

非常感谢亚历山大·伊万诺娃、盖尔·利奇、雪儿·斯代特和玛丽安娜·让泽蒂,在本书编写中他们给了我很大的帮助。最后,非常非常感谢劳伦斯·麦金尼斯,因为有了你的爱心和支持,我才能将这一切呈现给"埃里克森世界游戏教练大会"。

玛丽莲·阿特金森博士

目录

序幕　　　　　　　　　　　　　　　　001
前言　　　　　　　　　　　　　　　　001

第 一 章　开发一个世界游戏　　　　　001
第 二 章　世界游戏是唤醒人类共同参与的奇妙愿景　013
第 三 章　世界游戏的思维层级：从一到十　025
第 四 章　引爆点策略　　　　　　　　035
第 五 章　新传承之对话　　　　　　　049
第 六 章　将发起培养为一种生活方式　063
第 七 章　具体的教练世界游戏　　　　071
第 八 章　人类"崛起"的故事：世界游戏愿景　081
第 九 章　人们玩的游戏　　　　　　　097
第 十 章　创造愉悦的愿景　　　　　　111
第十一章　世界游戏的挑战　　　　　　121
第十二章　世界平衡轮　　　　　　　　135
第十三章　掌控的游戏　　　　　　　　145
第十四章　提升人类意识的教练　　　　159
第十五章　成为社会企业家　　　　　　169
附　　录　埃里克森教练世界游戏　　　181

序幕

各就各位，预备，开始！
我们来玩世界游戏啦

开创自内而外的世界游戏！

你手上拿着一只鸡蛋。请注意有两种方式将其打开。第一种方式是由外向内的，用刀叉打开！你可以将其从外部打破，很快将鸡蛋变成你的早餐。

几千年来，在各种人类的文化中，我们一直坚持：赶紧干活，"马上行动"，来回应领导或老板。但是，这样做，我们产出的是由外向内、立刻行动的能量。把事情搞定，仅此而已！我们习惯了服从。

那么，第二种方式呢？当小鸡由内而外破壳而出时，我们立刻看到一个崭新的生命呈现在我们面前。在我们眼前真真切切显现的是长期的、发展的能量。

无论在个人生活还是在社会生活中，世界游戏都创造出了这种自内而外的、新生的、愿景驱动的潜能。用自内而外的方式，我们可以让生活向任意的方向去发展；用自内而外的方式，我们将创新性的种子播撒在我们的文化中。在这里，我们使用的关键方法是以愿景、成果为导向的教练方式，这种方法如此温暖人心，以至于人们立刻行动起来，建立自己主导的生命愿景。

你愿意加入我们吗？

前言

人类发展的世界杯
玛丽莲·阿特金森博士和查理·佩勒林博士的对话

现在邀请你参加!

2010年的6月,我在4个国家中穿梭,第一个是韩国,然后是加拿大、法国,还有塞尔维亚。电视中每天都播放着在南非进行的足球世界杯。我从一个国家到另一个国家,看到在饭店、商店的电视机前聚满了人群,街道上人们在庆贺。我到处都能看到全神贯注的表情,人们或兴高采烈,或嘘声四起,完完全全地沉浸在自己国家队的比赛中。这种为了国家队获胜的愿景而表现出的合作精神是多么令人赞叹啊,即使是公园踢足球的小孩子都会如此。

夏天的晚些时候,我和同事查理·佩勒林博士进行了探讨。查理在美国航天宇航局修复哈勃望远镜项目中研发出了"4D卓越团队系统"。我谈到了自己最喜欢的话题,即有关开发各种令人瞩目、令人兴奋、好玩的世界游戏,它会和足球世界杯一样有吸引力。他说:"好啊,我也想开发这个游戏。"

我说:"我们这个游戏真的需要聚焦于当下各国人民共有的生活关注重点,我们需要激发人们真的投入并创造出自己的发展系统。我们需要真正的领导者游戏,它规则清晰,引人入胜,这样人们自然愿意参与。"

"咱们头脑风暴一下吧。"他建议说。然后我们约好了要继续探讨这个话题。

现在,我邀请你参加这个讨论!

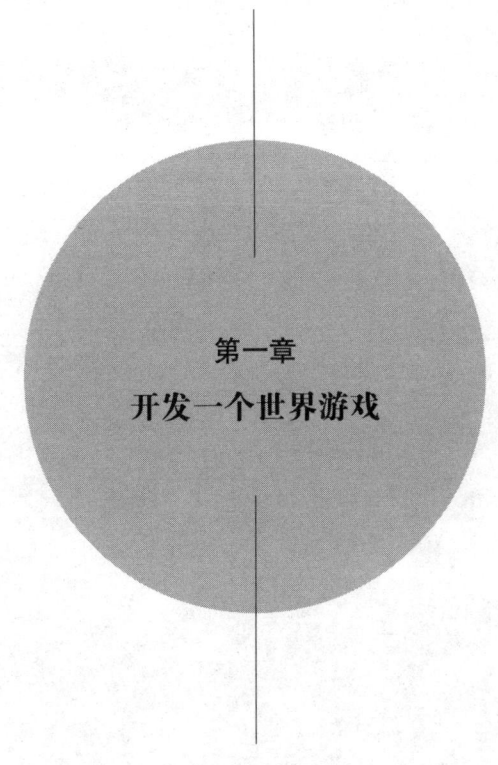

第一章
开发一个世界游戏

有些人专注于改变世界,这类人虽然为数不多,但力量绝对不可小觑。事实上,古往今来,改变世界的正是这些人。

——玛格丽特·米德

你的鱼缸有多大

你大概听过这样一个故事吧：某人把一条一尺长的鲨鱼，养在了自家客厅的鱼缸里达五年之久。最终他还是把鲨鱼送给了海洋馆。结果一年之内，鲨鱼长到了三米之长！这个故事给我们的寓意是：我们常常自设边界、自我束缚……我们的心里有个隐形的鱼缸！想象一下：假如我们可以有更大的生长空间，我们将如何拓展自己的生命呢？

生命可拓展的长度与宽度，和我们内心成长的程度是息息相关的！假如你对自己之外的世界知之甚少，你的潜力会龟缩在自己限定的范围之内；假如你可以睁开双眼，伸出双臂去拥抱整个世界，你的潜力与今日的你则不可同日而语！内心成长影响的不仅是今天，更是未来，直到永远。

玩大游戏，你将进入大愿景的大舞台。你的参与、你接触的客户、你创造的涟漪效应，将给这个世界留下更多的传承，而这些传承是永恒的。

世界游戏，你准备好了吗

现在想象一下，地球的上空有一朵白云，你轻轻地浮在白云上，全然放松。

你注视着广袤无垠的地球，像是在欣赏卫星拍到的地球夜景；你看到了自己：这个生命在地球上仿佛就是一个小小的光点，它的周围还有许许多多类似的光点。这时,你看到自己的光点和其他光点融为一体,这些光点相互交融、难分彼此,最后逐渐汇聚成了一道强光,亮得难以置信!现在请你花点时间拥抱并感受这一体验,看着这道光更加强烈,延伸得更远。想象一下,这个愿景就是世界游戏。每个光点同样重要,所有的光点都为了同一目标而汇集:为了照亮世界,为了人类的明天,为了生命的康健。

从世界游戏的角度来看,为了这世上的芸芸众生,你能做些什么?你能带来什么?你(你的光)将如何延展呢?

我们呼唤所有的教练都来玩"假如"的游戏

假如你可以承诺,对平日教练的每一位客户,都秉持教练的基本道德,开发其生命力,开发其生命潜能,那会怎样呢?

假如你选择看到,你毕生从事之教练事业,已经产出、积累了丰硕的成果,而且你已将种子播撒到更多的地方,那又会怎样呢?

假如你可以问自己如下问题,又将如何呢?

- 两年前我有几位客户?
- 而过去一年之中我教练了几位客户?
- 我是怎样拓宽客户的愿景和视野的?
- 我又是如何提高客户的创造力与潜能的?

请将这些问题的答案视觉化,化为一幅画、一个曲线图,或是一个图表。

且称之为整体发展图吧。

想象未来的五年,随着时光推移,这张图均衡地增长着。

注意到由于你的缘故,每周15人点亮了愿景的航灯,找到了战略路径,链接了核心价值观,提升了勇气。他们锁定了自己世界游戏的航向,并在挺进。

注意到,当你把周而复始的教练与计划相连接时,作为教练,你已让自己的世界产生巨变:

- 你看到变化的可能性是无限的。
- 你看到客户已将自身的价值观和其愿景建立了更多的连接。
- 你意识到自己的教练正在改变人们的生活。
- 你让客户看到了愿景,他们正在各自的社区中做出强有力的改变。

视觉化的力量

假如你、我,和所有的教练同事们,能勇敢地向世人宣告——整个地球的发展和教练是息息相关的!那会怎样呢?——毕竟,教练可以改变人类的愿景意识,而且人们的觉察和正念,会随着每一次教练约谈而深入。

假如每次约谈都可以使客户产生蜕变,每次约谈都是一股浪潮,而这股涌起的浪潮可以将我们的事业在地球上推得愈来愈远,那又会怎样呢?

想象教练之浪潮会产生累计效应,会形成滩头堡,而我们的阵地会一个一个地连接起来。

想象这样的场景：日益高涨的海浪，拍打着更多浪迹未至的海岸。换言之，通过教练我们可以在公司和社区里，让越来越多的人加入我们的事业。人们的生活和精神面貌发生了可喜的变化，这点随处可见。现在请你花一点点时间，用心灵之眼来仔细看看推动变革的这股浪潮。你看到的是一个真真正正助人的事业！

想象你看到了全世界的愿景团队。你看到所有的教练，全世界的教练，都在为同一目标相互鼓励、并肩工作。

想象全世界的教练们，都在为各行各业中亟须教练的变革推动者们提供教练。我们看到自己设法打破了价格障碍，采用团队教练或特殊项目的方式，来满足客户的需求。

想象所有的教练在一起设置目标、承接客户（个人或团队），而这些客户，恰恰就是能影响社会的那群人！

想象我们是如何应用教练技能，使客户们在世界范围内创造出了积极、正向的变化；**想象**我们甚至可以帮助这些客户，使之也成为教练，成为世界游戏的大使！

我们在教练领域的努力，真的可以轻易地改变人类的认知。

欢迎参加世界游戏

玩世界游戏可以开发以价值观为导向的核心能力。这种开发不仅是强劲的，而且是无限量的。

当今世界充满了身体上、情绪上和战略上等各个方面的巨大挑战。学会以个人价值观为生活指南，我们可以将社会意识的各个层面提升到一个新的水平。而我们所做的一切，会像磁场一般吸引他人。随之，他们也会学着将自身的价值观视为生活准则。作为教练，我们成了真正意义上的领导者。

游戏之初，我们必须激发人们对世界游戏这一概念的兴趣，以及对之强烈的承诺。为此，我们可以用体育比赛这样的概念来激发大家的兴趣点。当足球或橄榄球比赛进入决赛时，各国选手之所以能全身心地投入，其能量来源于对祖国胜利的渴望。在世界游戏中我们一定要赢得这场比赛，为的则是"全人类"！

玩世界游戏就像是登山。当沉浸在游戏之中时，你正在学习如何征服内在小鬼。小鬼的意思是"小恐惧"。当受到鼓励时，人们往往会大胆行动超越恐惧，回首再看时，一切不过是小事一桩！一旦游戏难度升级，你的愿景自然会得到开发，而自身潜力会随之提升，就像登山者练就出强健的肌肉。

当我们对一款游戏驾轻就熟时，我们就要去开发玩家的兴趣点了，看看他们是否真的有意向一起玩这个世界游戏。由于我们已经了解成为真正的玩家需要具备什么，我们便开始把游戏打造成一个和大家一同学习、共同成长的重要平台。是的，我们赢了……但是在这个游戏中，每个人都是赢家，这个游戏是为了团队共赢而设计的！

只有我们自己笃定要去玩这样一个世界游戏，我们才可以让自己及之后更多的人来参与，这点尤为重要。它意味着最佳成果的取得源于我们自身。我们要以自己的价值观为指南，保持连贯而一致的、实用的生活方式。这样的我们才能在工作中享受奉献的喜悦。

世界游戏的思维方式已经流行

这一切已经发生了。

用世界游戏的模式来思维,这股潮流现在正在世界范围内涌动,在互联网上讨论世界游戏,会引来引爆点般的讨论。

例如:如果你看过"TED 演讲"或其他各个版本的世界发展对话,就会发现许多人已经有了世界游戏的愿景。每一种乐于奉献于世界的独特方式都像一个品牌。数以百万计的人们正在以社会企业家的声音投身于这个世界发展对话中。

的确,我们都同意世界需要我们的关注。作为教练,我们来问自己,我们将创造出怎样的愿景、怎样的生命、怎样的结果,从而激励每个人真正地面对当今世界的巨大挑战呢?

21世纪的人们开始有很强的团队包容意识,在讨论或对话中总是强调地球品牌。人们会聚在一起探讨我们在创造怎样的地球品牌。多数人想要更宽容、更善解人意的世界——更关注学习发展、热心助人,希望这个世界的重点是创造真正意义上的人类幸福。我们在考虑教练世界游戏的愿景时,教练立刻将其收为案例了。

开启有关世界的对话,我们越来越娴熟了。通过和不同的人工作,我们学到了不同方法,去描绘更包容、更正向的世界观。这里要注意的是,这一切是通过我们的教练过程开发出来的。人们不是通过说教学到东西,而是通过自己设计的方法来打造技能、建立价值观。

关爱世界的文化

20年来，围绕着世界自身关爱这一理念，一种世界文化正在发展。这一文化连接着许多组织。组织中的人们唤醒同类来一起关注稳定气候、洁净大气、清洁河流和支持海洋自循环。我们看到了那些致力于保护植物、动物和人类的社团也在发展壮大。而且，人们在设计社会焦点这一世界游戏的框架时，真是太有创意了。我们在世界各地可以看到各种世界游戏的愿景和版本。

换言之，用一种包容性强的愿景，来支持人类自身发展，这种努力在世界各地层出不穷，尤其是在1989—1990年柏林墙推倒之后。人们努力的方向之一是鼓励人类建立更自主、更有意义的生活。

例如： 我们可以看到，人们越来越多地将免费大学教育推向互联网。这样，任何人在任何地方，只要真的想学习，就可以上课。从理论上讲，通过免费的大学在线课堂；一个在印度贫困村里的孩子，可以获得相当于麻省理工学院的工程学位。实际上，至少在中国，许多学龄阶段的孩子已经通过在线课堂进行学习。

例如： 在相对贫穷的国家里，有些组织致力于帮助女性自给自足，并推动她们创业。支持穷困女性投身于社区自我发展的能量正在上升。

例如： 2011年中东发生的动荡和革命实际上是关乎个人和社会自由的。它主要是想让包容和公正重新回到各个阿拉伯国家。同样的事情年轻人还在以不同的方式在各地演绎着。

今天，人们在试图建立世界安全网络。我们看到许多组织投身于救助饥荒、地震、海啸等全球性的危机中。世界各地设计出更多的社会安全网络，人们在真切地关注并询问："我能做些什么？"

我们的教练项目仅是关注世界培力的众多项目之一，但这个之一非常重要，因为教练可以触发人的愿景、价值观和动力。我想强调这一点：就凭应用聚焦于解决方案的教练这一点，我们就引发了领导力和勇气这一世界范围内的雪崩性革命。

更善良的地球

请注意人类发展中这样一个有趣的事实：当今世界上，复仇、酷刑、暴力比先前少了很多。对于关注24小时滚动新闻、热衷于冲突和战争的人来说，这听起来显然不对。但是有证据显示他们错了。基于考古学家劳伦斯·基利和德国社会学家诺博特·伊里亚思发布的调查报告，加拿大作家史迪芬·平克最近做的研究结果显示，21世纪的世界比以前变得更文明、更有序、更善良。

基利的研究显示，除一些特例以外，自人类一万年前进入农业社会以来，凶杀、暴力发生的长期趋势在逐渐降低。他基于古代资料的研究表明，我们狩猎时代的祖先遭遇血腥之灾的概率大约是15%~16%。而现在在北美，这样的概率是1%。

暴力在下降，尤其是在中世纪之后。劳伦斯·基利研究了800年前英国和欧洲以教堂为中心的小村落。牛津镇在14世纪的凶杀事件比今日多80%。20世纪或21世纪，欧洲和美国死于暴力的概率小于1%，其中包括我们经历的两次世界大战，平克称这种趋势为"文明的进程"。

世界上许多统计资料表明，世界范围内的酷刑和杀戮在减少。史迪芬·平克说："现在，生活正在很大程度上改善——脱离杀戮和酷刑即最大的改善——这一概念在受过教育的人群中并不时尚，就像谈论西方文明在进化一样。这是因为人们对负面异常情况的关注多于对正向趋势的关注。"然而，数字显示的是真实的情况。

世界范围内酷刑和杀戮减少的证据，对当今流行的迷思是一种挑战。首先的挑战是，一些人认为远古时期的人类和环境更和谐，冲突更少。但毫无疑问，14世纪以教堂为中心的村落环境并不是更和谐的。这些村落的文化也并不比现在更和谐，19世纪、20世纪后工业革命的那些肮脏、低劣、非人性化的城市也一样。当今世界所有的城市都更安全、更友好。变化是逐渐的，但是肯定的是，我们正向着一个更和平的世界迈进。

有一种信念当今广为流行：当今人类道德正在沦丧。基利和平克的研究是对其有力的反击。事实上，在世界各地，我们正在为彼此提供更多的关爱，我们也更灵活、更有能力地给社区提供支持。

城市更加安全，太棒了。这是基础。我们的安全保障正在提升。更加重要的是城市的友好性。人们越来越多地希望过上有价值、有愿景的生活，这样才会有真正的幸福。支持自己和他人得到幸福是世界游戏的核心。

今天，我们在世界各地从事的是真正的文化唤醒的事业！我们正在开启一场文艺复兴，让人们有兴趣采用各种方式来成为地球真正的守护者。在世界各处，人们更加致力于年轻人的教育发展这一事业。本书中，我们将向您展示教练强力触发人类之发展的诸多方法。引爆点就在于此！

- 如何加速人类人文精神的发展？
- 如何应对当今世界的挑战？
- 如何弘扬善良和关爱？
- 如何拓展愿景？
- 如何将幸福变成每个人生活的自然品质？

随着越来越多的企业团队和领袖把教练用作授权员工探索企业愿景的工具，火苗已被点燃。教练在领导力发展和继续教育中都引起了浓烈的兴趣，这种情况已无处不在。

世界需要我们。

就在此刻。

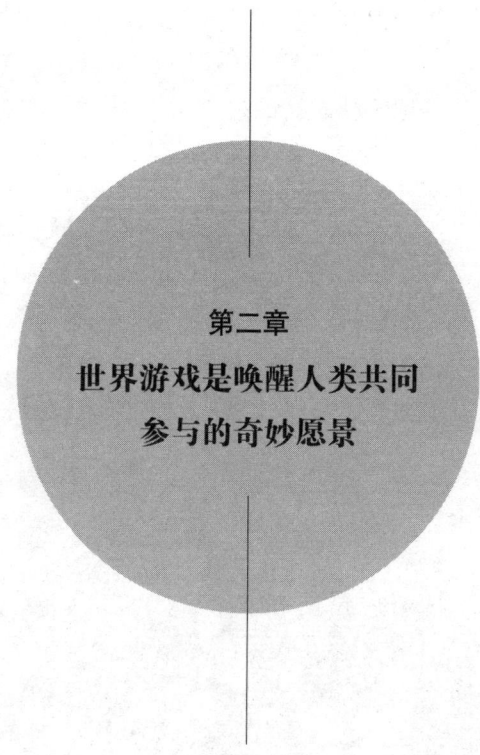

第二章
世界游戏是唤醒人类共同参与的奇妙愿景

要成为什么,你就要把自己想象成什么。

——韦恩·代尔

奇妙的愿景

童年记忆中的童话故事大多都以从此幸福地生活下去的美好结局而告一段落。想象一下，如果来自世界各地的教练开始参与到世界游戏中，我们将能够让人类所有的问题都有相同的美好结局，那会是多么美好的愿景。

情景将会是这样的：

这一天终于到了，来自世界各地的、成千上万的、心怀愿景的教练们挺身而出，加入到世界游戏中。人们方方面面的问题都得到了解决，人们有鞋穿了，高效的食品派送系统诞生了，干净的水滋润了干渴的喉咙，孩子们也都能上学了，父母们也都找到了挣钱养家的方法。教练们遍布世界各地，在付出帮助和鼓励。每一位教练都鼓励着其他教练加入，最后不计其数的教练们成为世界游戏的大玩家！

我们想象一下未来的长者给他们的后代讲述这个故事的场景。一切听起来，像是一个童话故事，但是所有事在起初不都是童话故事，直到某一天有人决定将童话故事变成现实吗？假如有人给你的曾祖辈讲，终有一天，人们可以漫天飞行，人们可以用比巧克力还小的工具联系沟通，那是怎样的一个童话故事？

未来的长者们给他们的子孙后代讲述怎样的故事完全取决于我们。那我们就把这些故事变得充满爱吧！

目前你的教练水平如何，
接下来你能将其提高到怎样的水平

21世纪的教练是帮助人们在方方面面成为有创造力的领导者，从而创建起充满创造力的社区。想象一下，假若每一个受到鼓舞的教练，都能通过教练激发出完善世界的一种方法，这样的潜力将会有多大。当然，这样的方式同样会在许多方面产生各种各样的可能性，这些可能性有着不同的呈现形式，人们的投入情况也不一样。

教练的力量在不断壮大，因为他们不仅仅是通过自己的教练游戏直接激励他们的客户开启愿景之路，这些客户还会——通过渗透——激励身边的人，如此等等。

众多方法可以激发和教会人们找到解决问题的方法，变得有创造力，赋能于弱者，防止饥饿，为无家可归的人提供庇护所。

可以想象一下，假如每个教练开启的一个涟漪效应，都最终变成了席卷全球、承载巨大正能量的海啸，那我们成就大业的可能性将会是怎样的呢？这是可以做到的，只要共同合作，我们可以把它做得好玩、刺激、引人入胜。

我们真诚地邀请您把世界游戏融入您的教练风格，不论何时，不论以怎样的方式，不论您有怎样的方法。

可以想象一下，作为教练的我们，假如把世界游戏作为我们毕生事业之追求的支撑，我们将会激发多大的可能性！我们的目标一致才是最重要的。作为世界文化，我们下一步该怎么走？我们是带着正向意图提出这个问题的，为自己，甚至是为了我们的家庭。你可能会说大概不会有什么世界文化。我同意这一观点，因为从意识形态上来看，世界上的大多数国家都是各不相同的；但是在价值观的层面，我们可以达成一致。

教练们有着很大潜力去掀起心灵和思维上的巨大变革，而这变革不光光是体现在我们的客户身上，还会通过共鸣、同感影响到所有接触到的人。多米诺骨牌效应是惊人的。

新兴的社会企业家

若您有此意愿，您也可以通过建立社会企业家的愿景更加深入地参与其中。

> 社会企业家为当前社会最紧迫的社会问题提出创新型的解决方案。他们有着雄心壮志，有着无比的毅力，着力解决重大社会问题，为大规模变革提供新的见解。社会企业家们并没有将社会需求丢给政府或商业部门，而是发现社会中运转不周的地方，通过改变系统、传播方案、鼓励全社会跨出革命性步伐来解决问题。

目前，教练的职业开始同一种新兴的专业导师——**社会企业家**紧密联系起来。一个社会企业家有着一颗利他的心，他们致力于寻找出创新性解决方案，并将之公之于众，从而帮助那些难以找到解决方案的人。

社会企业家从生活成长领域中选择一个重点或是游戏计划，这个重点也许是创造力，也许是学习力，又或是领导力。他们选择一个关注点，或是人类发展，或是地球保护，然后他们观察并开始行动，把产品或服务推荐给世人，让他人收益。

目标给未来赋能。他们打造了一个聚焦清晰的好玩的游戏，从而吸引他人参与其中。

在很大程度上，教练们自然而然就是社会企业家。我们通过扩散教练实践和教练状态就已经成了社会企业家。教练们懂得企业家式的思维模式，我们同样也知道我们能够给社会带来不同。换言之，我们的教练有着独特的技能，这种技能可以让我们团结合作，创造巨大的社会变革。

作为教练，你会问

- 我如何能进入一个空间来发展？
- 我如何把我的训练同世界游戏的积极愿景联系起来？
- 我如何能找到一群有着相同愿景的伙伴？
- 我，作为教练，又如何提高我的影响力？

为什么是游戏

游戏对于人们有着不可抗拒的吸引力。生活中有体育游戏、电动游戏、家庭游戏和启蒙游戏等——我们已经是一个游戏玩家了。玩游戏对我们个人生存至关重要。

我们天生爱玩。孩童时期，爱玩之心使我们有一颗好奇心想要探索世界；但到了成年后，很多人玩游戏的能力却在丧失。如果我们可以再次每天拿出一段时间来玩一个游戏，玩一个对世界意义重大的游戏，那我们的生命将会是怎样的呢？去完成困难的项目、冲破挑战，会给我们带来强烈的刺激。我们生活的世界中纷扰众多，一个积极正向的游戏可以让我们保持和心灵深处的目标的连接，并聚焦于掌控目标。

一个激发型游戏可以让我们不再关注问题本身，而是着力寻找解决方案，沉浸到学习中去以便我们可以更快地迈向我们希望创造的未来。更重要的是，游戏本身就很有趣。一个积极向上的游戏可以让我们开怀大笑，并将这种感到开心的化学反应传至全身。我们又放松，又学习，又享受沉浸在游戏中的感觉；同时，我们还受到了鼓励，想要开启更多愿景之旅。

游戏是有趣的，它能让肾上腺素上升。这局或是下局游戏无论输赢，我们在学习，在向目标迈进。游戏让我们永葆年轻。不论你的玩法是蛇和梯子（晋级）还是大富翁（四面出击），都请准备好把愿景的骰子掷入轮盘，开始玩世界游戏吧！

为什么是人生游戏

我们人类天生就是游戏玩家。实际上，所有显示人类身体健康与否所取得的证据表明，我们在游戏中的投入程度决定了我们是否开心。如果我们将生命用来参与这场简单却有意义的生命游戏，例如家庭游戏、学习游戏、艺术游戏或是科技游戏，我们会创立成功的衡量标准，并竭力要达成目标。一旦我们加大赌注，我们的承诺度就会提高，我们的愿景也会提升。当我们把游戏和更大的目标结合在一起,每个正向的游戏会变得更具影响力和创造力。

当我们有意识想要完成将来的某一项人生游戏的时候,我们会提高我们的投入度,同时也会增加我们作为玩家的乐趣。相应地,我们也会提高我们实现目标的能力。

我们在拓展自己人生的时候,会受到激励,在建立起以生活为中心的生活系统时,这种激励更加强烈。当我们做出自己的人生计划、创造出自己的最佳游戏时,我们得以很快地成长。当我们创造的系统可以应用于全世界的人类时,我们就会更加有力地走下去。

我们可以迅速地集中精力,当我们发现:

1. 一个值得玩的游戏或是值得我们投入的领域;
2. 一种可以纵观和考量我们成就的方法;
3. 可以推动前进的特殊策略或是可行性方法。

只有具备了这些因素,我们才可以真切地体会到个人成长过程中的进步。这些因素也是团队进步所需要的——不论我们的团队是大是小。

当我们达到掌控时,会有更多的玩家想要加入我们。因为他们看到了我们团队在做什么,并决定学着玩我们的游戏,拿到我们的收获。人们总是能够找到自我投入、自我成长的最佳方法。我们的教练,就为他们提供了最佳模式。

开始世界游戏

人们通常会以一个项目开始,在这里,我们称之为简单的祝福游戏,比如帮助慈善项目。下一步就是创建传承游戏。为之,你或公司将付出长期的努力,并会在某个领域或是一个社区制造出很大的不同。我们会在后面的章节中详细描述这种一步一步的"能力构建"。就像是垫脚石一样,你从关注个人问题的角度出发,逐渐落脚到更宽泛、更有趣的挑战之石上,就这样一步一步,你在前进。

当然,世界游戏是一款水准更高的游戏。随着世界游戏向深度推广,它将发展成全球性的运动。该游戏的焦点是创建起一个可持续发展的运作模式和世界长期发展的文化体系。该游戏的主旨,是为推动人类发展找到变革的方法。也可以说这是我们的首要目标,因为虽然来自不同文化,但人们有着一个相同的价值观,那就是关注我们子孙后代的生活和发展。

21世纪发起的世界文化运动举例如下:

- 联合国救灾工作;
- 绿色和平组织,"海洋保护者"对话协会等全球生态保护工作;
- 罗伯·斯图尔特电影——《鲨鱼海洋》,以及其他"物种保护"协会;
- 网络免费大学教育等世界人类发展项目;
- 资源节约型学校体制的创建,以便将低成本教育普及到贫困地区。

我们希望这本书可以帮助您拓宽世界游戏的愿景——建立一个计划,在各个喜欢的游戏之中畅游。

世界游戏对我们每个人意味着什么

  世界游戏是一种特殊的游戏，是一款涉及众多挑战和众多人员的大型复杂游戏！我们需要学习培养宏观思维。我们需要为众多人员提供可行性的预见方案。

  了解世界游戏思维散出的能量是一个挑战。一开始，我们似乎要被其冲击波所淹没了。但是，作为个体我们会很快发现，真正参加游戏是可能的。我们很快接受了这个游戏，就像接受体育游戏挑战一样，并迅速地将体育精神拓展到我们的世界游戏中。

  当我们探讨世界游戏的有效解决方案时，它吸引或激发了他人的愿景，这样我们还可以让其他人加入世界游戏。人们需要一个具体的、可行的并且在能力范围之内的愿景。当任务清晰可行的时候，人们会很乐意加入一个高产团队。世界游戏的愿景给人们提供了这一机会，把人们带到一个高能量的状态，并让人带着高度责任感来投入其中。

  我们有很多例子表明世界游戏已经成为世界文化母体的一部分。有一点是十分明确的，那就是在影响力方面，游戏规模越大越好玩。

举例：

- 国际红十字会和红新月会
- 联合国教科文组织
- 无国界医生
- 救世军
- 匿名戒酒会互助世界服务公司

这些机构，你个人也许喜欢或不喜欢，但它们大多都是凭借一个人的力量开始的。创始人赋能予更多的人，从而大家共同成为持有远大愿景的社会企业家或世界游戏的玩家。

举例：字面意义上看，奥运会是一个世界游戏，因为它将世界各地的人聚集在赛事中。游戏规模越大，人们的参与度就越高。然而，不管游戏规模是大是小，我们都为成为世界赢家而无比骄傲，我们为世人生活得更加美好而付出了努力。

即使是在一个小范围的地区里，这样的例子也不胜枚举。比如社区游戏可以是简单游戏，比如在社区项目中培养领导力。

举例：在加拿大不列颠哥伦比亚省温哥华市的西蒙弗雷泽大学中，三个学生组成的团队得到了100加元的资助，要求他们在5天内利用这100加元举行募捐活动，在募捐的同时，创造出最深刻的正向社会影响。

是我们参与的时候了，哪个领域会使您感兴趣呢？

第三章
世界游戏的思维层级：
从一到十

> 社会企业家不会仅满足于授人以鱼或授人以渔，他们还会孜孜不倦地带动整个捕鱼业的革新……
>
> ——比尔·德雷顿，Ashoka 公司 CEO、主席、创始人

社会企业家打造社会变革游戏已长达半个世纪之久。世界各地的许多教育中心已开设社会企业家的硕士项目。对多面性文化发展项目的兴趣也在日益增加。花点时间搜索一下"社会企业家",你就会发现,在过去的20年间,有关愿景在不断拓宽。了解一下国际视野的拓展吧!

世界游戏思维是我们的追求!这包括由社会企业家在世界文化的基础上设计的诸多个人传统游戏,包括教练。我们不是说游戏的层级很重要,但万事总要开头。

首先,考虑到不同层次的投入和发展的目的及目标(短期和长期),我们用从一到十的度量方法来将游戏分级。就让我们从这样一个简单的小游戏开始吧。

以下是初学者的一些想法,是很好的开端。

1～3级

明确具体,以社区为主导:祝福游戏

此类游戏多为短期,旨在提高我们的愿景能力。这些游戏通常是一次性事件,例如竞赛,旨在锻炼我们奉献的肌肉。可以是为有价值的事业募捐。

4～6级

正能量的人生游戏项目

可以是家庭游戏、教育游戏、社区游戏、艺术游戏和科学游戏。人们通过其日常工作来进行回馈的类似"10%奉献计划"同样适用于此。作为明确的世界愿景的一部分,人们可以开发、宣传、推动某些特定的项目。用这个游戏激励他人吧。

7～8 级
长期的、创造不同的传承游戏

在传承游戏中，我们会发挥自己的最大能力来策划、关注和开发愿景。我们了解了自己真正可以传承的是什么，并看到清晰可衡量的结果。我们之所以能在一个特定的领域奉献，是因为我们创建了一个战略的、可行的、拥有社会价值的长期目标。

9～10 级
世界游戏

专注于传承游戏，寻找机会造福全人类，将传承延伸到世界游戏中。

创造思维模式的转变

每当我们将社会目标变成了自身能量的关注点，我们就创建了一个自身的思维模式转变。思维模式转变可以被定义为"底层信念或理论的根本性变化"。我们尽可能地拓展我们自身的内心"水族馆"。在游戏中，我们带着更大的人生观自然地畅游，随着项目的发展不断成长。

例如：伽利略通过新研发的望远镜发现，我们所在的地球只不过是围绕太阳旋转的一颗小恒星，人类的宇宙观也因此而改变。

思维模式转变本质上意味着我们不能回到旧思维模式！值得注意

的是，在真正的世界游戏中，我们将是第一批体会这些影响的人——从参与的那一刻起。作为玩家，我们在那一刻就体会到了这种思维模式的转变！

高层级的世界游戏（9级和10级）会深深地影响我们的成长。它不仅会对我们在当下的世界带来长期的影响，还会通过滑坡效应来影响我们接触的每一个人的生活，进而影响他们孩子的生活。

成功开发世界游戏意味着我们能够改变人类潜能的思维定式，对人类的能力有更新的、更深层次的理解。每天你实现自身潜能的程度几何？如果可以，请给一个百分数吧。最重要的是，你愿意为自己改变一些吗？不管你选择的百分数是多少，请想象当你百分之百地实现自身潜能时，你的生活将会是怎样的？

这种思维模式的转变类似于人们发现地球是圆的。当哥伦布发现美洲时，这种思维模式的转变是立即的，并且是永久的！

当思维模式是关于人类自身能力时，这种转变更是势不可当。

例如：罗格·班尼斯特爵士是英国前运动员、医生、学者。1954年5月6日，他在英国牛津伊芙的跑道上第一次突破了一千米的四分钟大关。当他征服了四分钟大关时，他打破了不可突破的旧信念，转变了一种思维模式。在之后的两年内，100多人追随他完成了四分钟一千米跑，震惊了整个世界。

教练本身就是一种思维模式的转变。这就是为什么我们对待模式思维的看法至关重要。教练是一种运动。自21世纪初以来，有许多政治运动和宗教运动，但是只有一个强有力的人类发展运动——那就是教练！当今，教练之潮不断涌来，涉及商业、卫生系统和世界领域内的教育团体，带着如何深刻地、巧妙地转化我们领导力的新思维。世界各地的人们将方案焦点教练看作一种强大的力量。作为教练，我们的一言一行影响着领导者的发展。

个人而言,我认为教练是开拓者,是人类创造力的"罗格·班尼斯特"。我们快速地激发人们去按照自身的价值观来生活,使人们的生活和命运发生转变,使人类意识能力有更深入、更广泛的增长。

米尔顿·埃里克森的游戏方法：
爱的专业精神

米尔顿·埃里克森是 20 世纪后半叶美国亚利桑那州的一名医生和精神病学家。

他的疗愈能力举世闻名,而他本人也被誉为一个传奇。作为一名年轻的心理学家,我满心欢喜地研究他的治疗方法；作为一名成年人,我发现他工作的动力来自对工作的热爱。

我通过例证发现了埃里克森的长期传承思想。他用了很多时间精心地分析,然后再系统地测试,把一份爱倾注到工作中。他付出了很多时间来整理专业工作原理,将其与焦点解决法结合。他对工作的那份爱,是其持久的专业精神的支撑。

埃里克森创造了影响生命变化的工作游戏。结果表明,他付出的大部分爱心和努力,不仅取得了显著成功,而且创造了价值观的辐射效应,取得了雪球效应般的结果。他通过和客户或学生一起工作,找到了引发革命性变化的策略,这种变化不断持续,远远地影响到了人们的未来。他的故事激励了很多人：将慈爱践行到日常生活中,成为这些人的原则或习惯。

埃里克森在客户中治疗突破的例子数不胜数。例如,一位孤独的女士发现,将非洲紫罗兰送给社区的几百人,是她给世界的礼物,她从中找到了快乐。这只是因为埃里克森用了些简单的方法,将她之前的孤单转化为奉献。埃里克森不断地追求用简单的、焦点解决的游戏计划给他人的世界带来生命的转变。以此方法,人们治愈了抑郁和病患。

许多人因为自己的原因将埃里克森的故事牢记于心。将爱长期奉献是一个强有力的概念,假如我们的目标和埃里克森一样,是为了滑坡效应:来创建一个不断传承的专业爱心系统,将之不断地传承下去,那样影响会更大。

假如,我们可以在全球范围内用教练的方式,把埃里克森的游戏玩得更大、影响面更宽,那会怎样呢?我们可以采用一个有效、专业的战略思维来玩这个世界发展的游戏——世界游戏。

埃里克森的**五大基本原则**至关重要。基于这些原则,我们尊重与我们工作的每一位个体,将他们视为有资源的、善意的人。我们可以根据相同的教练原则,呈现爱的专业精神,来试着开发祝福游戏、传承游戏和生命游戏。我们将采用埃里克森的方式。

这些原则是什么?

1. OK 原则:

   每个人都是 OK 的。
2. 人们是有资源的:

   他们拥有的资源超出了自身想象。
3. 每个行为都有正面的意义:

   即使正向的意图没有被马上看到,但也能很快被发现。
4. 人们都在做当下自己能做的最佳选择:

   人类基于当下对生活的理解,每天做出最佳的选择。

5. 改变是不可避免的：

无论多困难，我们学习，我们成长，我们改变。这样橡子定能长成橡树。

米尔顿·埃里克森，是20世纪最杰出的焦点解决战略专家之一。他喜欢讲述在山顶做一个又大又结实的雪球有多大的力量。

他会描述如何滚雪球，雪球一英寸一英寸地越滚越大，然后再将雪球推到崖边，然后将它轻轻地推下。经过引爆点，这个雪球越滚越大地落下去，很快引发了一场雪崩。

埃里克森的研究属于心理学领域，用他的方法慢慢地将其北美客户转向了积极正向的、焦点解决的思维方式。他的故事描述了世界游戏中所呈现的善意品质，即致力于在所接触的人群中创造自我意识的雪崩效应。埃里克森在书中总结的成果，在许多领域都产生了先进思维方式的滑坡效应。他的研究超越了简单的客户治愈技术，而向着新开发的咨询领域发展，这种咨询领域囊括了整个人类发展的方方面面。它包括愿景、聚焦解决家庭咨询和创新的神经语言学（NLP）。当我们的一个礼物从一个社区到另一个社区像细菌般传播扩散时，我们真的送出了一份大礼。

教练们，请想一想。我们共同努力，所有的教练成立一个帮助人类发展的强大团队。我们真的能够开启自己焦点解决的雪崩效应，让人类上升到和谐生活的新水平。我们的目标创造了不同。我们的目标可以很小——可以每次只帮助一个人——然而这还是和改变人类的意识这一更大的愿景相连接的。

一旦确定目标，我们可以一个人一个人地做工作。然而，我们一定要将目标放到更大的画面中。我们必须在大画面中视觉化，来开启我们的雪崩效应。我们已然为使者，现在开始我们的使命吧！

物理原则助成功

　　物理定律显示出这样一个现实：我们影响自己的人生经历的力量比之前想象的要大得多。它表明，精心设计的行动会产生强烈的反射。我们的想法本身也有力量——能够快速地影响这个世界。我们的局限仅在我们强加于自身的那些信念，那些认为我们自身的社会力量有限的陈腐、固化的假设。

　　创建世界游戏有利于帮助我们认识到内在目标与外在现实之间的联系，并帮助我们超越关于自身局限那些陈腐的、自疑的思维模式。一旦我们打破了这些限制性信念，我们就能很快地培养一种真正意义上的责任感，为自己创造的结果担当——当下和永远。我们会第一时间体会并认识到，无论我们聚焦于什么，我们都会比之前收获更多。我们开始体会真正的社会力量！

　　通过个人练习，我们很快就能发现自身目标的力量。最近量子物理都证实了心物联结的力量。你可能注意到，如果你真心想要一个停车位，你很快就能找到。拓宽你的愿景目标，在世界游戏中探讨你的角色，开发衡量你的进步的方式，然后开始你自己的游戏。

　　当我们意识到我们能够为自身、为客户乃至全人类，可以玩得卓有成效时，世界游戏中的教练模式就正在迅速发展。我们的游戏计划正在日渐完善、日渐有效，且逐渐可行。我们找到了真正的、有意义的目标。

　　加入我们，开启游戏之旅吧。

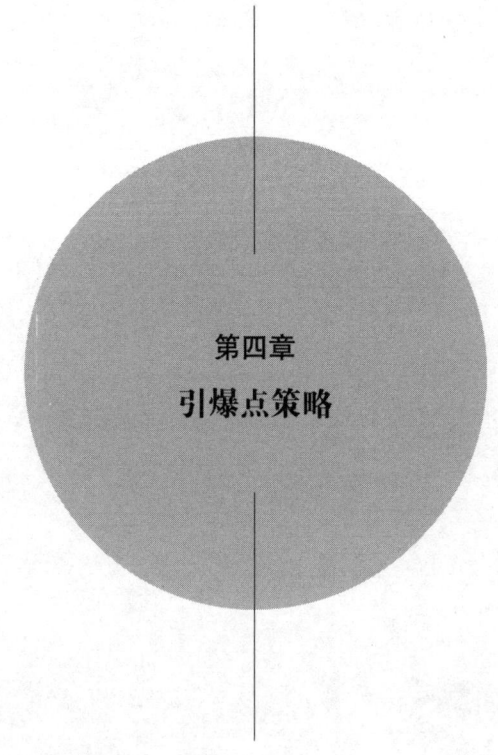

第四章
引爆点策略

勇气似火,乐观思维则是将创意点亮自己和他人的燃料。有的人天生便是火种。

——佚名

一个小小的变化可以转变世界

研究表明，假如我们将一个想法曝光给一个指定的群体，只会有 3%～10% 的人在人群中推广这一想法。而这个小小的比例就是一个想法从开始传播，最后到达到引爆点所需的比例。从这个比例开始，这个想法就会自动开始生长。

语言和逻辑层次思维的研究表明，我们每一个想法，都与生命的关键方面有系统的连接。我们可以在身份、价值观、能力、行动步骤甚至是地点和时间方面**考量自己的身份**。所有层次都是我们身份意识的特定层次，它们是彼此关联、相互作用的。

在意识的逻辑层次的众多层次中，有着不同的引爆点。研究逻辑层次的权威机构指出，我们的内在连接系统不是随意排列的。思维金字塔的最上层——我们的愿景、身份理念、价值观系统——以集成、逻辑的方式组织着下面其他层次的思维系统。这意味着我们的能力是直接由价值观来协调的，这些真的对我们很重要。

比如，参见图 4.1。

根据纽约伦斯勒理工学院的科学家最近公布的研究，一旦 10% 的人对一个想法非常执着，这个想法最终将不可避免地成为整个人群的普遍意见。这对世界游戏来讲是一个令人振奋的发现！这意味着承诺有着强大的力量。然而，更令人兴奋的是，我们发现在**身份层次上**，只需 3% 的人，只要这 3% 的人是高承诺领导者并愿意将愿景和他人分享。

让我来解释一下。我们都有一种自我领导的内在意识，我们且称之为**身份观念**。它经常是和更高一层的人生目标之愿景相连接的。假如我们和其他领导者尊重并建立这种目标意识，我们将立刻改变自己和周围人们的生命。我们变成了他人希望追随的**有磁力的人**。

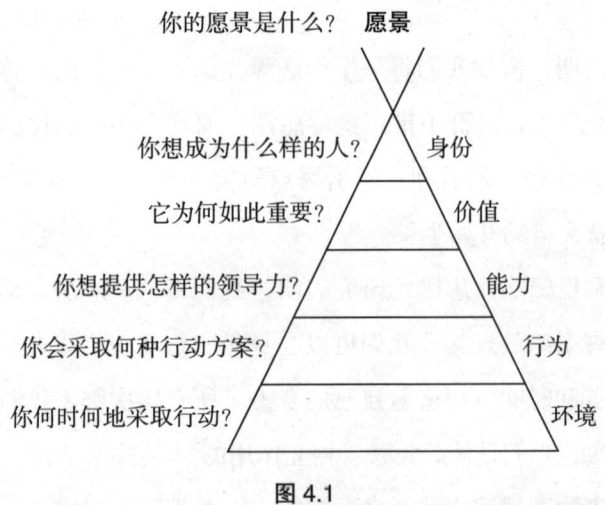

图 4.1

高中的时候，你在科学课上做过这样的小实验吗？在白纸上倒些铁屑，然后下面用一块磁铁拉着铁屑，你会立刻看到那些松散的铁屑在磁铁的作用下排出了漂亮的图样。这和我们谈的各个逻辑层次的思维体系是一样的——被引人入胜的目标所吸引。不仅我们自己的目标是一致的，周围的人也校准了方向。领导力价值这种磁性品质成了3%引爆点的基础。

对从愿景和价值观为导向的领导力来说，开发出**引爆点变革**只需要一些强有力的榜样。这意味着即使榜样不多（很少，1% ~ 3%），革命性的结果还是会发生。关键在于榜样必须是社区中完美并受人尊重之人。这样，对于"磁场"的指向会变得更强有力，目标性更强。

无论何处，人们都会效仿其敬重的领袖，并模仿其行为。我们所有人都会被伟人所激励。南非之父，真正关爱国人的纳尔逊·曼德拉，便是一个很好的例子。他激励了整整一代人，学习他用民主、非暴力的方式，来寻求政治改革的愿景。以圣雄闻名的莫罕达斯·甘地，现代印度之父，则是另一位榜样。他的愿景——尊严、和平、自决——激励了一大群人。他同样了解引爆点的概念。甘地曾说过"成为你想要在世界上看到的改变"。

3%，我们说的是领导力的核心品质，是人们接纳其为自身身份并追随的品质。当我们开始在全人类的范围内传播不同的发展品质，并且在逻辑层次上自上而下地贯彻这份意图时，要达成引爆点所需要的榜样的人数就会不断增加。

根深蒂固的行为习惯、能力和行动是较难改变的。对复杂的习惯而言，引爆点的数字更高（如之前所述，10%）；因此，形成一个复杂的习惯，并将之变为传承需要更多的时间。这意味着有价值的发展习惯与技能需要在 10% 的人群中传播后才能生根。

然而，即使是 10% 也有很大的能量。即使当时世界上只有 10% 的人使用个人计算机，随后其他的人立刻跟风了。互联网的全球用户从 500 万发展到 5000 万户才用了 4 年。一些简单的行为改变，如时尚的更新、音乐表现形式、儿童游戏等更是变化万千，如野火燎原般迅速传播，但是他们又会以同样的速度消失，因为时尚很快抛弃了他们。这些东西无需太多的学习或能力，可以很快被另一时尚所替代。然而，看着如潮水般涌过的世界文化，我们看到的是：引爆点的改变远比我们想象的要简单。

由于"下一层次"的想法或习惯是围绕着社区生成的，其各方面尽显逻辑层次，这样变化便自然而然地、难以避免地出现了，并且**永久性地改变了系统**。现在花些时间想一下：当你所在的社区、社交圈或组织中比例不多的人，被为社区发展一幅积极正向、成果导向的愿景所深深打动时，会发生什么？假如他们发现生命可以——像小鸡一样——自内而外破壳而出，而他们自己被深深地打动时，那又会怎么样呢？这是一个教练可以很快地分享给他人的发现。

有的人学习社区领袖，愿为社区改变的愿景挺身而出，之后再去开发自我成功模式。假如这种情况变成了一种时尚，那会是怎样的呢？假如人们像领袖一样，愿意使用开放性问题，从而有效地改变问题系统，那又会是怎样呢？假如这些人能用领袖的开放式聆听和开放式问题的方式与社区的其他成员沟通，并将之变成一种基本习惯，那又会是怎样的呢？对所有的人来说，领导力会发生怎样难以置信的转变呢？

《引爆点：小事怎么能产生巨大的影响》一书的作者马尔科姆·格拉德威尔说，该书传播了一种思想，思路非常简单。了解流行时尚的发起、潮起潮落等的最佳方法，就是视之为一种潮流。就事论事地说，这本书从默默无闻到成为畅销书，或少年吸烟的兴起，或一件事情被口口相传，或语言变迁，或给日常生活打上记号的那些神秘的变化等，都是潮流。**理念和产品、信息和行为会像瘟疫般流行。**

谈到世界游戏，我们希望在世界上出现正向的领导力的新水平。我们想通过世界上那3%～10%成果导向的领导人所带来的变化，开发出成果导向的"世界变化"。

假如我们能将世界游戏的思维方式变成世界范围的潮流，那会怎样呢？

请记住，当人们看到他们尊重的领导者拿出引人入胜的目标或愿景时，引爆点才会发生。当我们处于最佳状态时，我们都会成为世界贡献的引爆点式的领导者。这意味着，向教练式领导发展的全球意识转变，是作为教练的我们工作的真正本质。

当我们给出100%的承诺，不留"后门"，不会轻视他人时，成果导向的方式最有效。中伤、讽刺、流言、判断、阻碍或者比较与开放式的正向沟通是南辕北辙的。

一旦我们在所有互动中使用了以价值观为基础的方法，我们的承诺将正向评价的方法不断扩展。这意味着成果导向的方法在我们的意识习惯中加速了思维的处理过程。

我断言，通过成果导向教练和其他方式的教练方法带来的影响，将在人类情商和愿景方面产生巨大的变化。它已经开始在世界大多数地方流行起来，我们很快就能到达真正的引爆点了。

是什么让游戏——足球或曲棍球，"江南Style"，或者一种建筑，或服装——成为潮流的？且称之为文化基因吧，它是人类内在意义的一种增值定位，能强烈引发人们的兴趣点。这种潮流基因很快进入社区，然后以图像、对话、游戏的形式闪现，从几百个社区到几千个社区。

即使我们生活在一个人类的潜力有严重扭曲的恐怖主义、军事独裁、暴力革命时代，高端成果导向的思维方式已经通过公司、教育、家庭，甚至是医学中对教练方式的采用，从一个团队向另一个团队传播了。流程是人类智能中深层面的东西，对习惯的转变起着至关重要的作用。我们正在经历着各个层面流程的潮流改变。我们正在经历着所有机构都使用成果导向法这一引爆点的潮流转变。

潮流转变系统是如何运作的？我们在这里用图画来做一个深入些的探讨。这是基于以前的一个较大引爆点转变的研究，从中我们可以看出潮流加速发展的过程。

假如每个弹道都是世界上教练的一个社区……这会带给我们一点概念，关于成果导向的沟通这个文化因子在开始向不同的社区蔓延时会是什么样子的。

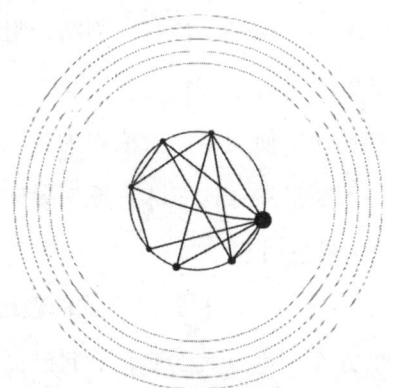

阶段 1

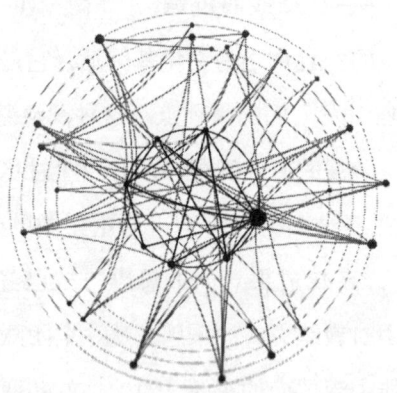

阶段 2

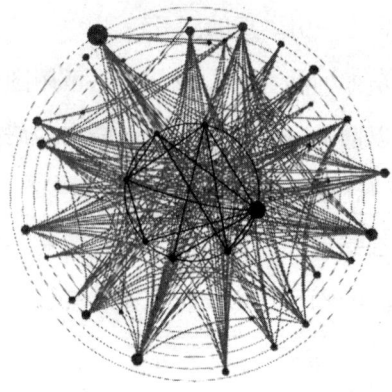

阶段 3

子弹的大小意味着社区的大小……随着潮流的文化因子开始发展。请注意一下，从一开始的第一张画和文化习惯到引爆点时的最后一张画，有什么区别。

一个想法在我们的头脑中是由四个层面构成的：内容、结构、流程和形式。

每个想法都有一个完整或完美的实际形式或品质。对我们来说，这是互动中的一种价值或愿景。

每个想法都有一个发展或今后发展的实际流程。每个想法都有一个约定俗成的实际结构。结构就像记录，它是一个想法发展的框架，或简单或复杂，或优雅或蹩脚。比如，我们在开发当下最先进的十速自行车轮之前，5万年前用的是滚木，4000年前进化到战车轮，然后是马车轮、客车轮、火车轮、卡车轮，和今天我们用的各种各样的轮子。正如我们所了解的，事情是有序发展的：发明，发展，应用。

所有的想法都有一个实际内容，就像我们日常看到的一样。当所有其他部分和谐时，我们会对日常应用感到满足。

改变任何时尚或思维方式的内容是容易的；建立新的习惯的结构，比如新的换挡方式，或者发型，或衬衫、鞋子的样式，是相对简单的。但是，学习新流程，它的影响是比较深的，世界游戏的发展正是有关流程的转变。成果导向方式的威力在于能够帮助流程转变。通过成果导向的方法，我们在自己和团队之间构建了新的、聚焦于行动以解决问题的交互方式。我们现在感到自己在沟通层面的各个方面已大不相同了。

将引爆点谨记于心

我们如何使成果导向的思维方式成为引爆点现象呢?

这是非常重要的问题!我们可以检查各个方面。我们用成果导向的方式开发领导力的愿景,发展领导力的目标,拓展领导力的行为。我们聚焦的是机会,而非局限性;我们聚焦的是可能性,而非"有道理"或其他让我们停滞不前的"有困难的思路"。

记得马克·吐温的经典著作《汤姆索亚历险记》吧?在书的开始,有一个小汤姆在星期六被罚刷栅栏的故事。记得调皮的汤姆说服满心狐疑的小伙伴们,他会成为最棒的油漆匠吗?他将刷栅栏这件讨厌累人的活,变成了一个享有特权的机会,创造了一强大的愿景。这个段落非常令人振奋,因为它打开了盖子,启发了我们关于如何描绘一个充满机会的世界的想法。作为读者,我们都对将赋能的愿景销售给朋友的这个点子欣喜不已。

同样,今日世界的教练可以"销售"机会导向的生活,这和问题导向的思维形成了鲜明的对比。我们在自身茁壮成长的同时,难道没有将成果导向沟通的方式展示给我们接触的人吗?这种事情是耳濡目染的。

我们只是在小范围内将流程解释给他人,来示范思维方式和有效沟通"承担责任 – 能力"——通过仔细聆听作出反应的能力。当我们带着这种教练态度走入公司时,我们会帮助公司建立起改进的领导力模型,在逻辑的所有层次上发展领导力的潜能。由此,将教练的态度传播开去。

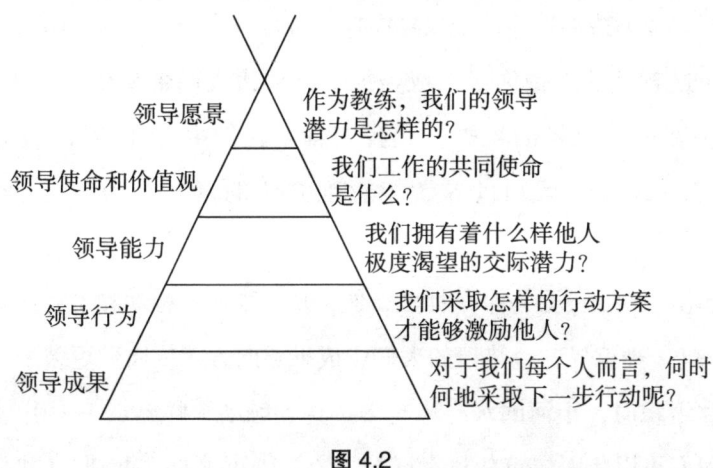

图 4.2

当每个社区接触到了教练,或教练的个人表现力或信念时,成果导向游戏将自然扩展。教练对话是为了用来帮助人们开发人生特定的计划、愿景和价值观的。这包括工作生活的部分。越来越多的人会很快加入游戏,当我们本人成为高承诺的世界游戏玩家时,这个势头就会自然呈现。

教练的态度是我们能改变世界的一点点变化。当我们为自己和客户的生命创造了变化时,变化就很快发生了。这些教练"涟漪"很快成为我们接触人群成长和承诺的涟漪。这些涟漪进一步向各种机构和社区蔓延,就像海洋上的浪花轻易就划过海面。

你看到其中的可能性了吗?在几年之内,世界上更多的人会在不同程度上为成果导向的思维方式所触动。各地人们的生活会更多地向着正向感知状态发展。这是我能看到的世界和人类向新时代转变的引爆点。你愿意加入我们,开辟这种转变的路径吗?

想象一下:一个社区的教练,这个人甚至是你,仅仅是用成果导向法和关注领导力,帮助周边的人"捕捉"到正向的态度,从而改变了整个社区!这个人,实际上就成了这个群体的"曼德拉"和

"甘地",他创造性地应用成果导向这一流行方式影响了这一组人。

通过教练的力量你可以成为那个给周边人们带来变化的人。让我们拓宽未来愿景的视野,让我们看到我们中的许多人,作为教练,在一起以传承和世界游戏思维方式的形式,为自己的社区奉献。

起初,受益的是一个个社区,像是从山顶淌下行动和希望的小溪。想象一下:当世界各地热情的人们将成果导向方式传播到更多的社区、网络和组织时,小河的水越来越多,直到触动了临界点——引爆点!假如我们可以将引爆点的概念谨记于心,既可以自己做到,同时又和大家相互支持,一起做到这一点,那会怎样呢?

想象一下:成千的小溪汇聚在一起,水流越来越大——团队和团队合并——直到正向之合作在世界各地显现,让**我们**这一认知渗透生活的各个方面!想象一下:地球就是品牌的传播,那将会是怎样的?

引爆点的出现会为世界上每个人的愉悦、平和和满足感做出贡献。每个人都会用自己的方式来回答问题,但我们可以共享这个富有价值的、共同努力的愿景和生命意图。

"引爆点动能"的有力的正向案例

细想一下,你做过最棒的教练产生的涟漪、反思、真正的影响和**共振**是怎样的?进而再想想,作为大师,当你可以将这种力量倾注到你的每一次教练对话中,那又是怎样的?

设想你通过自己的领导力和教练,开创了自己社区的潜在引爆点!这让你看到自己拥有强大的影响力和行动力。你发现自己通过承诺和行动能够改变整个社区，这太棒了。你就像那块"磁石"，帮助周围的人们，他们一开始被其自我领导的勇气所吸引，后来则将其奉为法则。

想象一下这些是如何持久做到的。请注意你无须教练所有的人。只要作为一个负责的、认真的聆听者出现，你便有力量改变许多。透过你的场域，你的工作方式会让你周围的人行动起来。我们看到了发展之路就在眼前伸展出去。

支持人们探讨引爆点游戏。你鼓励人们开发自己的游戏。一旦开始，游戏就成了他们新的生活习惯。你成了一扇门。一旦走入大门，人们便会自己开局。

留意到一个教练对话是可以改变世界的。一次，仅仅一次，重要的约谈可以在任何人的生活中创造强有力的改变，约谈创造的承诺之波澜使他们处于不断持续的愿景和勇气之中。愿景自然胜过消极的东西，就像手电筒总能将阴影处照亮。

鼓励人们走出舒适区和隐私地带。让大家看到当人们意识到自身行动实际上能创造真正的变革引爆点。让大家看到他们能轻易地在周围的人中间创造涟漪效应。忽然，人们发现自己是领导者中的领袖，创造了有价值的结果，而且他们还会继续前行。

保持自身的一致性——你的简单承诺。你的百分百承诺对周围的人是巨大的激励。你百分百的承诺点亮了内在目标之火，因为人们自然地希望高承诺。当我们选择了一个值得为之投入的目标时，我们的身体更健康了，关系更融洽了。实际上，我们的整个生命改善了。世界游戏就是一个值得我们投入的游戏。

你认为你周围的人会站起来注意到这些吗？肯定会的！是的，他们会批评你，因为百分百承诺使他们挑战自己，去找到自己的方式摆脱以往的负面情绪。但通过观察你,他们的确会非常好奇。一点一点地,他们逐渐也会投入其中,并在过程中变得更强大。

我们都会学习或模仿激励我们的人。又有一个高承诺的人开始创造自己的世界游戏了。我们点亮了世界。

第五章
新传承之对话

我收到了一份礼物，一份来自所有前辈的个人"投资"。我现在要做的是找到一个"连本带利"返还投资的最好方式。

——玛丽莲·阿特金森

传承的概念

当人们接受了领导力的理念,并真正进入领导角色时,我们便开始将领导力与传承相连接。在广度和深度上,你的领导力最远能延伸到什么程度呢?如果生命是人类的储蓄账户,你会如何将你的所得……加上利息一同偿还呢?我们将如何给下一代投资呢?

教练让我们在身份层面上改变世界。此外,我们还有很多其他方式,在人类改变的其他关键层面上去创造引爆点。作为教练,我们影响的领导人无处不在;我们帮助他们在各个领域去创建未来。假如与我们合作的每一位领导者,都开始为自己的积极传承理念所激励,并由此独辟蹊径奉献于社会,那会怎样呢?那会不会开始震撼世界?

新传承对话

很多世纪以来,在各个国家,人们多把孩子当作自己的传承。这在过去,对于整个世界是一个相关度很高的概念,当然,今天这点这对我们所有人来讲仍至关重要。孩子是我们给予人类的礼物。然而,尽管抚养孩子、照顾家庭意义重大,但这只是有效传承观念之意义的一部分。

显而易见,传承问题需远比直接关注家庭走得更加深入,尤其在我们遇到来自21世纪的各种挑战时。我们看到世界正在面临严峻的挑战:环境、人口、健康、教育、职业发展,以及对我们共享资源的局限性的认知。

如果我们的后代不能继承美好的世界、良好的教育系统、行之有效的职业体系——他们将如何去传承呢？只有我们的承诺可以帮助他们去打造他们自己的传承。

作为教练，我们将如何向领导者介绍传承之理念呢？显然，他们选择的任何传承理念及其内容，我们是无法影响的。那是他们的工作部门的事情。我们只是帮助他们去建立心脑连接，连接之后事情将变成他们自己承诺的行动。他们将学着先找到一个传承，然后再去充满勇气地打造这个传承。

我们所能做的，是通过打造世界传承和个人幸福的真正延伸之间的自然连接。对他人的有意奉献，会因为给他人的生命创造不同，而创造骄傲感和幸福感。它点燃了欢乐并让人感到惊喜，它创造了一个激情目标与乐趣的"新常态"。

传承理念的实例介绍

多举些例子是介绍传承理念的好方法。我们可以说明这个理念是怎样流行起来的。比尔·盖茨夫妇甚至马克·扎克伯格是如何成为该理念的强烈拥护者的。我们可以用大大小小的项目来展示其对人类生活可度量的影响。比如，比尔·盖茨基金会已经找到了一些关键方法，使之能为世界上最穷的一些国家根治疟疾和小儿麻痹症。

我们可以展示一些小项目是怎样捕捉并创造灵感的。在大脑中生成的那些奇思妙想，哪些疯狂到可以为我们所用？你的天赋能解决哪些问题？

案例 1: Toms 鞋

2006 年，布雷克·麦考斯，一个得克萨斯州阿林顿的企业家，有了一个把鞋子卖到非洲的想法。他曾经谈到过这个点子的启示："我当时正坐在农场品味人生，这时一个想法冒出来了：我要建一个鞋厂，每销售一双鞋子，我就会送一双给所需之人。"

布雷克得知在一些地方，没鞋的孩子们甚至是被禁止上学的，因为一些疾病，如象皮病是通过土壤传播的。据 Toms 鞋网站所述，世界上超过一百万的人面临土壤传播疾病的危险，而鞋子可以预防传染。

布雷克全心致力于这个想法，他卖掉了网上驾校，独资开启了一家线上售鞋公司。一切都源于一个承诺和一个点子。从 2006 年到今天，布雷克已经捐了一百多万双鞋子。

案例 2: 室内照明

我们都明白自己对电网的需求。灯停电会使城市陷入瘫痪。国际能源协会去年报告称，还有近 15 亿人没有用上电。

考虑下这个想法，回收一个 2 公升的塑料汽水瓶，然后把它变成照明设备，用于日照充足但没有电的乡村。

阿尔弗雷多·摩泽尔于 2002 年在巴西一次停电导致车间没有采光后，发明了这个点子。现在他这套简单易行的系统已经遍布很多贫穷社区的黑暗角落。

这个点子看起来近乎疯狂，他只是用了一只 2 公升的塑料汽水瓶、两瓶盖漂白剂和一只旧的 35mm 的胶卷桶。他在房顶上开了一个洞，然后把瓶子放在房顶上，看啊，光涌进来了！亮度跟一只 50 瓦的灯泡一样——当然没用电。阿尔弗雷多的生活立刻发生了改变,他周围的社区亦是如此。从前一片漆黑的地带,现在有了光!这个绝妙的点子帮助了贫民区的居民。

案例3: 足球蓄能系统

最近,另一个有价值的想法以一种意想不到的方式产生出了能量。通过玩儿一把,我们就可以发电和储电!每踢球或抛球15分钟,这只简单的足球产生的电能就足以让一个LED灯亮三个小时。而且一个球可以储藏24小时运转的电能。"发电足球"的概念是哈佛大学的一组学生作为课堂作业而发明的。这种发电足球后来被Uncharted Play公司量产,其中两个最初的发明者杰西卡·马修斯、茱莉亚·西尔弗曼是该公司的创立者。到现在为止,这仍是用趣味的能量将房间点亮的有用想法!

案例4: 微型银行

经济学家和诺贝尔和平奖获得者穆罕默德·尤努斯,用他自己的27美金开创了一个微型银行系统。42个因为太穷而不够贷款资格但具有创业精神的女人拿到了钱。随着时间的推移,这种微不足道的行为一遍一遍地重复,逐渐开始大大地提高了孟加拉国的进出口能力,并使得人们可以从债主奴隶般的方式里逃脱出来。突然之间,贫穷的女人们有能力可以负担起家庭了。

作为教练，你的传承是什么

首先，作为教练，我们激发人们去注意到他们可以通过简单的沟通创造不同：听与说这种行为。我们帮助他们将该行为转变成一种价值。我们称之为积极的、成果导向的、教练式的沟通。他们得到激发后，便会开始学着用这种思路和团队互动。

其次，作为教练，我们帮助教练式沟通的新手认可自己就是领导。我们指出所有等级的领导力，都从基本的价值思考开始，起步于对他人贡献的尊重与欣赏。我们训练他们与团队对话时要基于一些基本原则，例如：

- 人们都是有能力的。
- 他们是有资源的。
- 他们会尽其所能。
- 有勇气学习不该受到谴责。

第三，我们向他们展示真正的领导力如何能成为一个根深蒂固的习惯，以及他们如何通过简单、有力的领导习惯，成为周围人之中富有吸引力的人。我们向他们展示人们如何自然地被那些使用积极原则、展示生活勇气的人所吸引。

传承游戏的教练对话

到了深入思考自己的传承的时候了。如果世界需要我们每一个人齐心协力、共同努力，做出最好的自己，而你肩负了这项使命，那会是什么样呢？假如一开始你头脑中就有一个引爆点，那会怎样呢？想想你会以怎样热情的设计开发你自己的传承吧？你的机会就在此时此刻！

考虑一下设计你自己的个人祝福或传承游戏。开始设计时，你可以从挖掘自己最深的价值开始，作为个体、作为社区成员、作为创造者。

请问自己：我有什么个人传承可以献给这个世界？

我们每人都具有与生俱来的天赋与能力。请花一些时间用贡献的眼光审视一下自己的天赋。

- 你个人的传承是什么？
- 你给未来的礼物是什么？
- 你想拥有和分享的一份热情是什么？
- 你想在哪个领域去激发他人？
- 你能倡导哪些点子？
- 如何能使你的游戏可操作、可实现，既值得又好玩？
- 谁可以从你正在开展的计划里受益？

在你身上和你的世界里寻找你独一无二的想法。你的每份激情都暗示着你能够带到世界上来的是什么。留意机会去创建你自己能贡献的具体领域。一旦找到，请仔细考虑这些问题：

- 这个潜在的游戏真的有意义吗？
- 可成就吗？
- 是乐观现实的吗？
- 可以怎样做呢？有哪些具体的结果？什么时候？

去留意：

- 谁会受益呢？
- 它内在的价值是什么？
- 行动计划你能看得多清晰？这些计划是你自己能独立实施的吗？
- 结果如何衡量？
- 最主要的是，怎么能做得好玩？

你可能意识到，这些问题非常熟悉。在问这些关键问题时，我们实际上遵循了著名的 SMART 原则！

SMART 是一个缩写，代表的是：

具体的，是真正富有成效、接地气的产品或服务吗？
可衡量的，具体接受者有收益吗？可衡量吗？
可达成的，是一步一步、实际可操作的吗？
相关的，和人类共同的未来有关联吗？
现实的，是乐观实际、长期有效的吗？
有时限性的，可将其放在时间线上吗？

我建议，你的传承以及现今任何真正的世界游戏，都要 SMART！我们需要自问如下问题：

- 具体的世界价值传承是怎样的？
- 我真的要玩这个游戏，并逢需必到吗？
- 如何让自己的传承 SMART？

作为教练，我们可以和潜在的传承领导者分享什么技巧呢？作为教练，我们的关键能力恰恰就是任何传承创造者们试图为自己开发的关键能力。他们希望构建一些有效继承的东西。我们能给他们分享哪些教练帮助呢？

从受益者的视角来看

第一：要打造一款世界游戏，你需要通过新的视角去观察当下真实的世界——从而拓展并提升愿景。我们大多乐于助人。然而，我们可能会看到世界游戏的"顾客群体"遥不可及或者太远了——就像距离感将某人及其所需变得不那么真切似的。要玩世界游戏，我们要去看看身边那些可得益于我们的时间、精力和愿景的人，比如邻居，那些同在这座小星球上触手可及的人。只有这种近距离的关联感才驱使我们将对他人的贡献最大化——我们会尽量努力。

第二：开始从他人的角度想清楚你的游戏怎么玩才是有价值的。这意味着你必须要从多个角度来看待各种各样的长期结果。

第三：尽量用长远的眼光来看问题——甚至包括后来者是谁。换句话说，你的具体贡献怎样留住其现在及以后的服务人群呢？十年之后又会如何呢？

100 年后，当你仙逝已久，你今日传承之选择和世界游戏之行为，会为未来的世界，即你子孙行将继承的世界，带来怎样的不同呢？

第四：尽可能地具体。大多数人对世界成功的期盼是抽象的，然而他们的子孙继承的却是一个非常具体的世界。我们的生活忙碌且复杂，设计一个能提升我们儿孙世界的传承，看来远比对其直接帮助要难得多。而他们的生活却完全有赖于我们当下构建的世界——一个他们行将继承的世界。

我们后代将要继承的世界将会是一首管弦乐曲，例如一首金曲表达了人类"行动字典"中的所有结果。实际上，我们的行动可以改变其物质的东西——物品、规则或结果——然而这首管弦乐曲真正需要的，则是愿景的拓展。

如果我们是交响乐队的指挥，我们可以更换乐器并帮助乐手。然而，最强有力的是我们能够改变乐曲。我们甚至能谱写出一首气势宏大的新乐章。你希望你的子孙后代以广博、开放的心态去享受世界吗？那就帮你自己谱写一首这样的乐章并带着激情去演奏吧！这乃是游戏之中的游戏。

第五：把游戏玩到所有的领域。是的，我们设计大游戏，同时也要乐意支持日常的小游戏。我们言出必行。我们的游戏是各个级别都能玩得转的。我们可以将领导力游戏玩到极致，同时在行为上和个人操守的每一细节上保持一致。这给我们的生活带来了一种真正意义上的满足感和温暖。我们永远每次只专注于教练一个人或一个团队——这点非常明确！

玩大游戏就要设计如何召唤

你召唤的不仅是自己，还有你身边的人，你要将之唤醒并使其展示真正的潜力。你的召唤同时基于大家共同的目标，你在召唤众人为了人类复兴金杯而努力。这种领导力和愿景的勇敢召唤激励着我们每一个人。我们愿意拥抱彼此以面对艰难的选择。

当世界孕育出一种积极、包容的领导力愿景之能力时，我们教练在很多方面就像助产师！这意味着即便我们每次只专注于一个方面，而你的游戏则需要你的系统的方方面面都要成功。当人们回应我们的召唤时，我们所有人都受益，更多的人会成为世界游戏的玩家。

我们每个人可以构建有用的想法，并找到去传播它们的途径。传播那些可以减轻人们负担或者提高人们生命乐趣的点子**确实可以改变世界**。世界游戏的观点本身可以像野火般蔓延。

为什么是现在

我们为什么要坐等每日新闻中所看到的情形好转呢？接受愿景项目领导人职责的机会就是现在。组建一支士气高涨、热血沸腾的项目负责人团队的时机就是现在。将这棵新树种下的时机就是当下。哺育饥饿儿童的时机就在今天。我们走出去与世人分享和传播的时机就是此时此刻。

像生命中所有相关的决定一样，我们不仅仅要做出决定，而且要做得决然！今天是否开心只有我们自己可以决定！这是一个我们现在可以做出且一生中可以持续做出的决定！

　　当内在的真理在内心深处变得清晰时，我们需要付诸行动并不断推进。世界游戏的决定亦然。我们的传承看似"仅为未来"，但此时此刻谁是玩家对我们而言是最重要的。传承游戏产生真正的幸福感——在于今天。

　　今天，请对你自己说："我已决定要玩_____（填上具体的名称）世界游戏！"你的决定会引发你身边的其他玩家的决定。就像蘑菇孢体内的菌类随风散播一样，成为真正的玩家的决定会继续分裂、繁殖，直到世界上的玩家大增。随着时间推移，你能看到你的游戏产生了巨大的影响。人们开始因为游戏而认识你，他们会排着队跟你玩。

第六章
将发起培养为一种生活方式

走到一起是开始，

凝聚在一起是进步，

携手合作才是成功。

——亨利·福特

考虑从简单的祝福游戏开始

有些矛盾的是,世界游戏关注的是我们是谁,而并非我们做了什么。是的,给予是美好的——但它是短暂的。授人以鱼,只解一日之需。

游戏中我们成为谁,让事情变得不同。霍华德·瑟曼的一番话令人赞叹:"与其问自己世界需要什么,不如问自己你的激情是什么,然后去做!因为世界需要充满激情的人!"

当你真的投入时,你与鲜活的生命产生共鸣!人们希望学到你的捕鱼方式,这样他们也可以学着那样去做。这便是教练领导力潜质的完美例证。

授人以渔

祝福游戏可以定义为"为自身发展而定制的短期公益游戏"。一个简单的祝福游戏的例子是,某人为了慈善活动而决定参加马拉松长跑,让家人和朋友每千米赞助他们几个美金。在那些具有企业家精神的群体中,以这种方式引发兴趣是非常有效且受欢迎的。在短短的三四小时的时间内,每个参赛者都能筹集到几百美金。

对参赛者来说,益处更为深远。一旦你做出决定,你就必须跑完全程。你要做出承诺并尽全力用行动兑现。性格不能在安逸和平静中形成。你现在必须要完成那些艰巨的任务。祝你好运!

祝福游戏通常很快就会流行起来。当 YouTube 刚刚诞生时,一位女士在该网站制作并上传了一段视频,希望引发兴趣,为非洲一个急需发电机的学校筹款。结果买发电机的款项不但筹足了,这个帖子还成了她成为非洲的代表的开端。最后,她筹集的款项足以供给许多社区。她没有财务背景去举行大型的媒体广告,只是听从了自己内心的声音,用自己容易获取的方式开始做事。她这一小小的行动引发的反应,像多米诺骨牌般自然地向前推进。

承诺这种简单行为趋向于不断增长!当人们视你为高水平的承诺者时,他们希望跟你在一起,他们鼓励你,他们希望自身也能建立那种水平的承诺度。

例子:埃里克森学院一个来自加拿大渥太华的教练学生,需要在三个月的期限之内完成100个小时的教练时数来获取ACC证书。在这期间,她让潜在客户捐钱给他们最喜欢的慈善机构,以此方式支付其教练费用。当人们听到她的游戏规则时感到好奇,并为其愿景所激励,便开始让她做自己的教练。她不仅在很短的时间内完成了最后25个小时的付费教练,而且还得到了四个定期付费的新长期客户。在实现3个月目标的同时,她一下给好几个慈善机构筹集了超过3000美金的善款。

例子:明迪运做着一个叫myhattricks的网站,这个网站是致力于帮助人们去帮助慈善机构的。明迪还拥有一个公务礼品赠送公司。她选择将"世界上的孩子都能安睡"作为其传承项目。至今四十年来,她一直在和一个慈善机构合作,为30个发展中国家的孩子们提供寝具。每个35美金的套件包括床垫、寝具、毛巾、蚊帐、衣物和学习用品。为了支付该项目的费用,她请求客户只接受电子收据而非邮递票据。每过6个月,她就能用邮资中省下的钱来买很多寝具。

与此相似，你可能会认识一些人，他们能在税收上找到某些措施或利用政府税收减免来打造一个小游戏，以资助某一特定的世界挑战，如为非洲一个疟疾疫区提供蚊帐。像明迪一样，他们将与某个商业机构的捐赠相连接并加以推广。

另一个例子是阻止儿童被征参战的运动。联合国估计，在21世纪的第二个十年里中，在世界各地的冲突中约有30万儿童士兵参战。虽然招募儿童士兵按照不同的国际法规定均系非法，但许多政府和反政府组织仍在招募儿童士兵。一些有奉献精神的中坚分子已在帮助孩子们远离战争，他们资助机构拯救儿童，并帮助组织通过瑜伽和创伤理疗使这些孩子得以恢复。这已经成为许多组织合作的焦点。

人们对提升教育机会的兴趣与日俱增，尤其是对女性的教育。2014年，一个十几岁的巴基斯坦女孩马拉因上高中而被射杀。随着事件被公开，越来越多的人做出各种努力，帮助那些在女子教育受轻视的国家中的女孩能够上学。世界各地对此的关注度正在提高。

什么触动了你的心弦？你选择的将是让你激情四射的领域。它会有助于你的成长！我们未必要服务于共同的愿景。如果我们都被同一目标所吸引，那么我们的事业一定会得到帮助。一些人清理街道，一些人清除旧时宿怨、不和或等级思想。今天触动你心弦的事业可以是一件小事或小小的贡献，但这也许暗示着有朝一日，它能成为你长期发展的独特传承领域。假如你能将这一领域的人类困难永远改变，那会怎样呢？

这些具体却影响深远的双赢游戏只是一些例子，帮你思考如何以一份具体价值的愿景为目标，开启自己的祝福游戏以帮助他人。世界游戏使人们将关注点由自身转向世界，由自我丰富转向人类发展。世界游戏将人们引向了发展传承和赞助思维之路。这些游戏是成果导向与长期目标的结合。

发起和赞助的艺术

打造一款世界游戏时,我们要帮身边的人调整到赞助思维的频道。这意味着我们试图在某一具体的领域创造一种"宽爱传染症"。我们认定自己在世上的行为是极具繁衍力的——真的有多米诺效应。这样,我们便强烈地触发了自己更深层的内在活力。

当我们赞助一个事业或者开发一款祝福游戏时,我们便开始以一种赞助的生活方式去生活。我们锻炼世界游戏的肌肉,我们学习如何跑出自己的马拉松。一开始,这看起来像是大型活动,但当我们专注于自身目标、专注于向终点冲刺的实际行动时,我们很快感到身体中分泌着快乐的胺多酚。这不仅改变了所有玩家的价值观,更重要的是,它为世界心智创造了一股新思潮。人们逐渐从批评走向参与。

长程的传承思想还意味着你赞助别人进入一个世界资源共享的网络之中。当赞助世界的兴趣点进入到多元文化中,我们自然开始去解决、补充,并培育整个星球……同时我们也充实了自己。

保险杠车贴的创意

也许你还记得 2001 年曾见过的邀你"随缘行善"的汽车保险杠纸贴。我一直都钟爱那个概念!

我们都从他人那里接受过一些小小的、偶然的善举。这些小小的行为温暖了我们的心，并让我们快乐，这些事情我们永远不会忘怀。保险杠车贴本身是一个很棒的方式，它将这一美妙的概念广泛传播，这个车贴成指数级地提高了这一可能性。

刹那间，一个简单绝伦的灵感被激发，一个善良的品牌随之诞生了。成千上万的人每天会看到这一车贴，并立刻接受善良概念、日行一善、善良为生活系统的概念！多么令人震惊、大胆而积极的邀约！"随缘行善"，人们怎么可能拒绝呢？而且，随意一辆车上的保险杠车贴都有机会与我们偶遇。这是字面意义上最贴切的真正的祝福游戏。

顺便说一下，科学研究表明，善良事实上对身体有好处，这可能会令你感到吃惊。科学家发现，当一个随意的善举发生的时候，接受者和发出者的血清素（一种可以对我们的情绪和免疫系统都有积极作用的神经递质）都提升了。更令人惊喜的是，我们发现，不仅发起者和接受者的血清素都提升了，那些善举的旁观者也同样如此！人们看到别人为他人做好事时，血清素会猛增。

有很多故事谈到，当人们看到保险杠车贴后，在快餐厅买餐时会给车后排的人们买单；还有故事谈到人们在老兵节那天，会为同一个屋子里的战后老兵承担所有的费用——仅为表达感激之情。

保险杠车贴——一个最初简单的点子——这些年已被广泛地传播开了。他们甚至有一个网站：http://www.randomactofkindness.org/

善良练习

当我还是个孩子的时候,善良的行为、爱的信物以及各种意想不到的慷慨之举都是令人兴奋的。还记得年少时的初恋吗?那时的爱是那么深,那么无条件!我们将自己的小礼物包起来时兴高采烈,充满了激情。也许是出于爱,我们在母亲节时把早餐放到了妈妈的床边,为祖母选了一束花。我们热爱给予,并从这个行为本身找到无与伦比的快乐。然而,作为孩子,当特别活动结束时,我们会很快忘记自己甚至玩过那个游戏。

作为青少年和年轻人,我们开始变得更为复杂。也许你能回忆起,作为一个十几岁的孩子,你是如何试验少男少女之爱,并常常失望,你甚至会愤世嫉俗。在我们生命中的那个时代,通常大家难以体会浪漫之爱。

作为成年人,我们变得更加专业。我们开始意识到有效的善举与爱需要练习和专注。我们认识到要表达爱意或真正地践行善举,我们需要研究它所产生的影响。我们需要创意的思维并拥有长期计划去创造我们想要的真正结果。

我们意识到,成功的善行常常需要巧妙的应用才会真的有用,需要真正的承诺才会有效。要想真正地成长,我们需要可达到的、宽泛的愿景创意。最终,我们逐渐学会怎样像专家一样打造随缘的爱!

第七章
具体的教练世界游戏

创造一个有归属感的世界。

——罗伯特·迪尔茨

改变世界的教练之路

所有的教练都希望他们的工作能给世界带来不同。话虽如此,我们还是需要有意识地采取行动,去达成我们的愿景。我们需要集中精力,推动内在认同的共有使命。我们需要摘下"幕后的推动者"的伪面具,公开向大家宣布:人类发展游戏是一场教练运动的真正游戏。之后,我们还要做的是:我们需要把工作推到更高的水平,使之成为世界游戏。

你也许会问:为什么是游戏?当你想到你特别心仪的游戏——也许是体育比赛时,原因便简单了。你喜欢这些游戏的哪些方面呢?答案也许如此显而易见,以至于你从未思考过这个问题。然而,这个问题却直指事情的核心。我们有一支大师级的团队,我们欣赏他们能够掌控自如,并有能力取胜。我们喜欢竞争和挑战的那一令人振奋的时刻,并在看到我们和他们的团队在使用有效战略时,感到欢欣鼓舞,这些战略都是基于精彩实战之上的。

我们的计分方式,是通过一系列小战役中取得的成功来衡量的。我们为自身技术不断提高感到骄傲。我们希望聚焦于高绩效,我们的目标是不论做什么都要做到最好。同时,我们靠裁判和规则来确保游戏的公平性。团队能够获胜是非常有力量的。我们希望在比赛结束之时,能和我们引以为傲的团队一起庆祝真正的胜利。我们希望为自己的团队成为大师级团队而庆贺。

那么,让我们来看看所有这些因素吧。我们花时间玩游戏,和把时间用于工作,两者区别何在?请注意,我们只要拿掉其中一个关键因素,便可轻而易举地把游戏变成工作。

假如我们不遵循游戏规则会怎样呢？如果我们不继续计分会怎样呢？假如我们不再规划策略、设计新举措，又会如何呢？游戏会变得索然无味，对吗？

假如我们认为根本无法获胜会发生什么？或是游戏没有结局，那会怎样呢？然后便是日复一日的老套路！由此你想到了什么？

有着相同目标的所有教练团结在一起，赋予这个强大的游戏一个独特的框架。由于有了清晰、共同的目标，我们团结一致，愿意战胜世界上的一切苦难。要想做到这些——很简单——我们只需要教练一批拥有清晰的价值观、目标和策略的有游戏意识的人。

我们为什么喜欢体育游戏或体育比赛呢？从始至终，它让我们有机会全身心投入。我们竭尽全力，遵循游戏规则。在大型比赛中，我们一定要计分并分出伯仲。这里有令人望而却步的交锋和令人窒息的竞争——我们要么赢，要么输掉。游戏和比赛需要我们进入最佳状态。

我们教练游戏的目标是什么？我们的目标是，将优秀教练百分百的专注性与参与精神，植入全人类习惯系统的深处。我们希望人们与自身的价值观连接，并与他人连接……我们希望深化并扩展个人能力，从而能够过上有意识的生活。

即便我们在关注自身版本的世界游戏，想象一下，如果世界各地所有的教练联合起来，作为同一个团队的玩家一起来玩这个变革游戏，这个影响力将会是怎样的。这些优秀教练共同目标的一致性，将对整个人类产生深远的积极影响。

一种双赢的态度

世界游戏态度还意味着我们要提升能力，开发一种"对—对"的生存方式。"对—对"为一种信任的态度。所有的矛盾心理随之消失。它让我们在世界的交往中找到"双加"或"双赢"。这种积极的生活目标是非同寻常的，由此我们坚持对价值的认可，同时将偏见与对矛盾的担心降到最低点。

专注于"双赢"意味着什么呢？如果这种态度可以帮助我打造并积蓄能量，用于真正重要的战役，那会怎样呢？

显而易见，我们自己才是过往生活意义的创造者。这些意义逐渐积累并相互融合。每件事情都和其他事情相互渗透，因此即便一个简单的双赢态度也会有着深远影响。

正如一句箴言所述，"看到水杯是半满而非半空的过程，是生命中对他人承诺的一种映射"。它也成了我们聚焦能力的核心，并彰显了我们选择成为怎样的自己的本质。这个游戏需要我们对正向的愿景有着最宽广的视野，需要我们对他人发展的关注，一旦我们决定成为游戏的拥有者，我们的愿景就会变得清晰，我们的能力就会增强，我们就会变得势不可当。

为什么是世界游戏

我们的另一个目标让我们的游戏成为世界游戏。这让我们在"我们与他们"的思维模式上向前迈了一步，正如我们在世界舞台上共同工作。久而久之，人们会发现，我们在地球上的幸福和我们子孙后代的幸福并非个人课题。实际上，这是一个公众的乃至是我们这个星球的课题。故此，世界游戏这一愿景，是同世界文化发展相联系的，尤其是在意识发展、价值观聚焦和彼此之间宽宏的精神几个方面。

如何才能让我们的游戏流行起来？将某个特定的游戏设计好，然后将其玩大，这是世界游戏思维的一部分。游戏计划之一是把游戏设计得令人兴奋，这样其他人才会想和我们一起玩。游戏的一个意思是，我们要建立清晰的规则和标准，这样我们可以清楚地知道自己处于游戏的哪个阶段。

事实上，作为教练，我们可以很快学会辨别出我们的承诺是60%还是100%，并能很快地知道如何衡量我们想取得的成绩。

世界游戏的特点是我们可以玩各个级别的游戏。当我们意识到了这一点，并开始度量时，我们便会全身心地投入其中，这时我们的能力也会快速提升。为了我们生命的成长，我们需要这样做。之所以要玩遍各个级别，是因为我们要知道我们究竟是谁——不是通过姓名和地址，而是通过我们的能力！

请注意这是一个悖论。我们玩的游戏会推动我们超越我们认知的自己。想要发挥得好，我们需要承担一项在游戏中让我们尽全力的任务，一项在各个级别的能力搭建上让我们真正竭尽全力的任务。这是一个什么样的任务呢？这是一项在各个层面需要我们发挥适应能力、热情和意识的任务。我们暗下决心，将生活的圈子扩大到自身能力的边缘。我们就是要在行动能力的边缘成长。假如我们能创造一个真正可衡量的游戏，我们就开玩吧！

世界游戏可以拓展我们的生命，让我们得以完全发挥。当我们担当能力未及的重任，却决意完成时，各种限制我们的旧想法从此"封存"，我们以更广阔的愿景开启新的生活。我们创造了自己个人发展的"海洋世界"。那些"刻度"在我们眼中消失。我们开始体验自身更广阔的自己，不仅在能力层面，而在更深的层面——在价值观层面、在价值体验的想法层面。我们为自己的生活拓展了真正的情感范围，这很快便会成为高层次创新意识和喜好、能力、快乐的延伸。

什一教练

你要从哪里开始呢？使教练世界游戏成为你的事业有很多方法。你也可以从运用什一教练这个简单的方式开始。提高个人教练力量的积极方法之一就是"什一"你的时间。

什一（名词）：中世纪英语，从古英语 teogothian、teotha (tenth) 演变而来。

什一（动词）：自愿拿出个人收入的 10% 投入到某项事业中。（许多宗教中都有什一税，用来支持其宗教领袖。）

"什一法"（在我们的教练世界游戏中的什一特指）是拿出个人 10% 的时间、精力和专业能力自由地去创造结果，最终的回报在财务上可忽略不计，只能体现在能量或是价值观上。你可以在"时间允许"的情况下，拿出 10% 的时间来作为对世界的贡献。简单地说，就是拿出一部分教练时数帮助他人。

这种做法的回报是相互的。首先，我们在提高自身技能的同时，我们还享受到了创造不同的乐趣。通过锻炼我们自身的承诺肌肉，我们也会成为更优秀的教练。当我们学习和发展我们自身的承诺时，我们也能更有效地帮助他人提高他们的承诺度。

需要教练的人员名单是无止境的，同时还有无数的人深深地欣赏教练所打开的信念和愿景。世界各地都有很多人在寻求在社区中成为领导者的机会，他们只是需要用能量来连接其内在目标，而这正是教练能提供的。你希望给哪些人提供什一教练呢？

- 贫困和资金不足地区的领导者和老师
- 大城市贫民区里的志愿者
- 同老年人、无家可归者和残疾人一起工作的人
- 经营食品和住房合作社的人
- 资源有限的贫困社区的领导者
- 社会和文化领域中倡导成果导向的愿景家们

什一定律是怎样运作的

当你开始践行什一时，即使你悄悄地开始，人们还是会把你当成一个积极的榜样。当你采取行动给予时，你是在帮助其他人把这个游戏玩得更大，帮助他人成为贡献者，或潜在的玩家。奉献的人越多——奉献的力量一点一点增多，一点一点深入——给予人类的就会越丰盛。

给予这一行为，会在你周边产生一种积极的能量。你会看起来满足、快乐，并有成就感，这样你就会真正地感到满足、快乐，并有成就感。你会把这种能力传递给其他人，因为"付出即是收获"。你进入了那个他人认定是值得信赖和智慧的角色，而你也会真正地成为那样的人。

你该如何开始

找几个有价值、有愿景的贡献者,让他们成为你额外的客户,用低成本或是能量交换的方式对其教练,或是让他们体验一次公益性活动。同那些从未——只能通过你——才有机会的人分享教练的世界。

在哪里找到他们

找到这些人可能比你想象的要容易。上网查看"文化创意人"网站。和记者们交谈,一些记者来自被战争蹂躏、充斥着难民的国家或极度贫穷的地区,并向他们询问哪些人是他们认为的最好的候选人。或是在你最喜欢的慈善机构或发展地区,寻找那些经济并不宽裕但很优秀且有愿景的人。给他们一本介绍你自己的手册,并同他们探讨机会,之后将你专业能力的力量展示给他们。

当你送出这样一份礼物时,你需要具有战略眼光。你的目标是和人们创造一种转换生成的伙伴关系。这些伙伴会推动并扩展成果导向的仁慈与怜悯,就像他们当时从你身上得到的一样。

使用浮动打分表

你可以考虑通过创建一份浮动打分表,将你教练练习的一部分传递给需要的客户。为了换取表上较低的分数,你可以有选择地鼓励一些客户，并将从你这里得到的收益（按他们自己的方式）传递给他们遇到的需要帮助的人。你要同他们一起思考，看他们如何才能完成这一任务。

这种方式的目标是能量增值。所有成果导向教练们都知道，与一个优秀的教练约谈能够激发出怎样的灵感。他们都曾在某种方面被教练的流动和精神所打动。假如我们能够给予，或鼓励其他人找到更多方法去给予，我们将会让所有人的生活更甜美。

作为全球教练运动的参与者，我们教练逐渐看到教练行为对个人产生的深远影响。通过训练，我们还认识到我们不仅可以利用教练的方式丰富我们自身的日常生活，还能将这种能力传递出去，让更多的人可以丰富他们的生活。我们看到这些简单的工具，如"三层次聆听"和"增值焦点"等，它们可以给任何关系带来持续的转变。我们已经接受并发现了成果导向教练的强大之处。

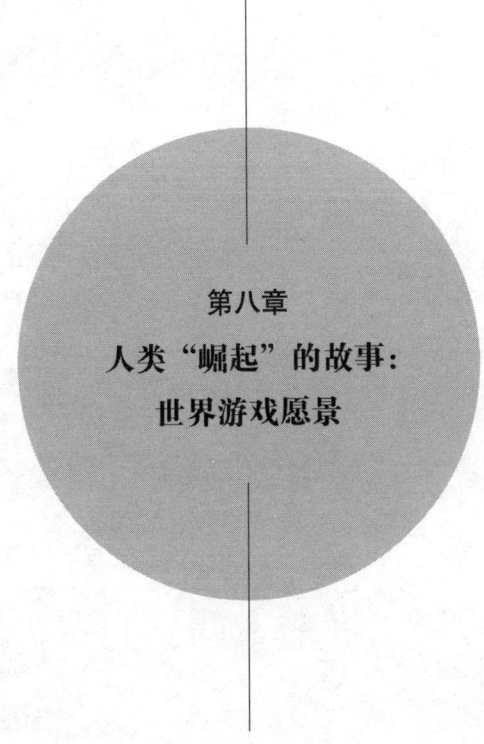

第八章
人类"崛起"的故事：
世界游戏愿景

我们没有一个人比所有人聪明。

——肯·布兰查德 《一分钟经理人——领导力》作者

每天早上醒来，你意识到你和地球以及人类之间的联系更加紧密了吗？还是和大多数人一样，浑浑噩噩，盲目地抓起咖啡，几乎什么也没想？本章将会改变这一切，我们会让你将重点重新排序。

人类崛起与世界游戏——考古学

在过去的十年间，关于人类，考古学家有了许多令人惊讶的发现。尤其值得注意的是，所有人都对近期的同源假说（现已被充分证实）饶有兴趣。因为它证实了人类经验是相互交错、相互关联的。基于完善的遗传基因研究，我们有强有力的证据证明人类起源于同一祖先。事实上，来自全球各地人类的 DNA 结果也显示，人类彼此之间是近亲，基本基因的 99.99% 都来自同一家族。

根据遗传和化石的研究，一群考古学家发现，早在 15 万到 20 万年前的非洲，古老的智者就已经进化成解剖学意义上的现代人类了。

之后，考古学家的发现和很多证据都显示，在一段特殊时期——8 万年前的最后一个冰河时代——几乎所有的早期人类都消失了。只有一小部分克鲁马努人，在非洲海岸南部范围很小的一些地区继续生活着。令人惊奇的是，这群生活在非洲西南海岸地区的不到 500 人的人类，竟靠海中贝类动物得以生存。

从遗传学角度来讲，无论我们的差异有多大，发现仍表明今天的我们都来自同一遗传家族。只有意识到大家起源于共同的传承，我们才能真正地将周围的人视为共享延续故事的一家人。这是观察当今世界的一个微妙视角……即将他人视为亲密的家庭成员！它也会提高社区里的人们参与世界游戏的兴趣。

众所周知，这一小部分智人，通过打猎、聚集部落，逐渐地从非洲发展到世界各地，最终成为村民、农户。不到1万年前，我们进入了村庄和城镇。再次强调，无论我们现在身在何方，这都是我们的共同遗产。

这一证据对我们来说真正意义是什么？这为当今的我们开创了一个崭新的局面。首先，承认人类是一个大家庭是非常有用的。我们已经从基因层面上得到了验证。在人类进化层面上的认证，时间也是刚刚好，智人正在不断进化为文明人类。我们共享同一世界、同一起源。我们站在历史的桥梁上，向人类圣灵迈进，我们能够真正地体会来自同一传承的"我们"。

如果我们将人类大家庭变成一个价值共享的家庭，彼此之间发展和珍视美好品德，如幽默、爱心、玩耍、温柔和彼此善待，将会如何？如果我们拥有并遵循同一成功模型，以此来促进整个人类家庭的每个成员在个人和文化上的和谐发展，又将会如何？

人类的故事："我们"的崛起

讲述人类崛起的故事是十分必要的，因为作为教练，当我们帮助人们构想自身发展时，我们要激发他们。我们在展示个人贡献的力量时，可以拓宽这种崛起的思路，使之与我们更加贴切。我们可以描绘出参与的力量、社区的深刻变化等，从而展示出共同努力所带来的决定性成果。

这就是我们教练实践中所进行的愿景部分。当我们将世界游戏的观念传递给他人时，人类整体愿景的崛起会激发他们自身贡献的愿景，从而引发共同贡献的提升。

同一系统之下的人类世界，每位成员都要遵循相同的原则：

1. 我们注意到，由于语言和文化的分歧，由于传统竞争与战争，8万年前至今，全人类内在的兄弟情谊或姐妹情谊几乎从未被认可。
2. 我们认识到，尽管如此，人类共同崛起的势头有增无减。在经历了自然或人为的艰难历史事件后，人类发展的共同意识逐渐形成。
3. 我们承认，纵观历史，人类战胜了几个世纪的困难，靠的是对价值、内在力量和团结合作的理解及与传统文化的惊人连接。
4. 这意味着我们——在某种程度上——都共享"一个世界"的共同愿景，所有人都是息息相关的！

人类文明崛起的下一阶段，需要**激励计划**。人类的探索还处于萌芽期——为了人类"崛起"能够继续，我们必须决定第一步要做什么。

首先，我们要为我们的行动创造衡量方式。生命的表达对我们意味着什么？何为人类幸福？如何衡量人类平衡和灵活度的进步？人类崛起如何通过教练来实现？

我们中的一些人已开始承担世界教练的重任了！我们在创造一个故事，帮助客户成为自身团队的领袖。我们在帮助他人成为骄傲的世界公民，为人类做出更多的贡献。与此同时，我们也尝试一个属于我们自己的游戏，也许是祝福游戏或慈善游戏、传承游戏，或者我们会加入一个真正庞大的世界游戏。

在世界游戏的愿景下，我们此时需要创造一个传奇故事，这个故事远远大于我们每一个个体。我们要看到自身的巨大潜能被充分打开，并扩散到世界的各个角落中去。让我们带着几百年沉淀的自我发现，创造人类崛起的愿景吧！让我们将这个想法流行起来！

通过考古学、脑科学以及教育和精神研究，我们对人类叹为观止的潜力有了最新的认识。关于人类的机会究竟会如何，那些玩世不恭的论调我们现在可以置之不理了。正因我们见证了人类千百年的发展，我们有信心能够继续走下去。

目前，我们正在经历重组自我意识的考验。任何重大的调整总会出现一些小鬼。我们正在学习专注从而超越它们。假如我们能够创建一个人类的"我们"系统，从而让世人看到人类崛起真正意义上那些非凡的可能性，那将会如何？如果我们通过自身努力，将全人类团队创造为一个相互激励的网络，那又将会如何？

带着世界游戏的愿景，我们帮助所有成员设计并实现团队进化的传奇故事，这激励着所有参与者。我们在其过程中不断发现勇气、协助、关心和价值意识等精彩元素，以及个人成长和英雄事迹。并将英雄的冒险之旅和少年战胜逆境等传奇轶事口口相传。假如我们对自己的所为有足够的清醒的认识，我们就能很容易将他人吸引到大游戏中来。我们就创造了自己的雪崩效应！

人类崛起的观点

何为人类,请看以下四个关键的"思维体系"或观点。作为人类,我们是同时开发这些体系的,而且四个关键因素需要同时拥有。我们会通过这些自然的观点,不时地审视自己的生活:

我与自身独特的潜能相连接的能力。

我/你与周边人有效连接的能力——从个体以及两者来审视。

我们将自身视为人类的能力——超越时间和文化。

我们的物理空间——我们的身体,如环境:地球、水、动物、植物。

在成果导向的教练中,我们从人类崛起的视点帮助客户延伸四个关键的"观点"。

如图 8.1 所示,这四点融为一个自然体系,是我们所有人用独特方式开发的系统。

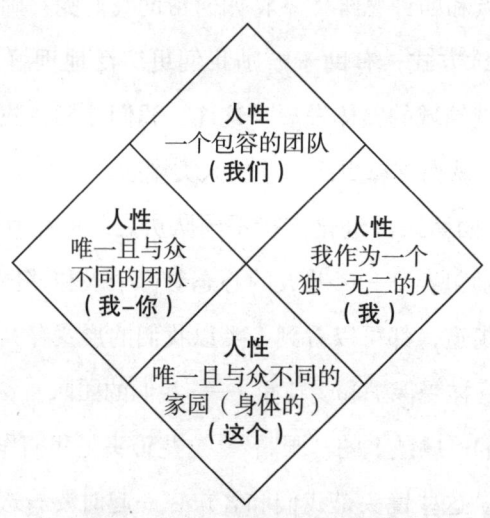

图 8.1　成为人类的四种思维体系

以上体系十分重要，因为我们帮助他人在四个领域分享"自我成长"的四个观点，帮助他们在每一方面都变得强大而不可有失偏颇。

如何成为"人类团队"

人类的故事就是我们自己的故事。这个故事讲述了成长中的"世界团队"通过展示一系列"最佳方法"鼓舞队员相互合作，这是为大家的利益，最终也是为了全人类的利益。

故事是关于一个团队的。通过多方面的创新、小发现以及个人不同阶段对社会进步的了解，这个团队——从8万年前的一个小家庭，发展成为一个小村庄——直到发挥出其巨大潜能，出现在当今世界的舞台上。如今，我们为下一步成为全球公民做好了准备。

这四种观点和四种思维体系将如何帮助我们呢？确保每个人都在贯彻这四种思维方式，有助于鼓励我们更广泛地理解人类的共同任务——四个关键领域的整体发展。这样，我们才能将我——你——和我们联系起来，从而支撑更高水平的人类崛起。

"世界人类团队"的进化支持不同队员之间的相互学习。与此同时，它也还鼓励包容——以开放的心态对待个人和整体。我们无论在何处，在哪条街道，都可以看到人类以我们的形式存在，他们就像自己团队的成员一样受保护和受尊重——我们的团队。

这些是我们可以戴上的"眼睛"。这些镜头是我们作为成果导向的教练要看透的。这些镜头是我们和客户在一起时要看透的。这是一个梦吗？只有我们才能让它成为现实！

人类崛起就像一片雪花，由复杂对称的图形构成，成型于相对简单的互动——就能像雪晶一样，五彩纷呈、美轮美奂。我们的贡献就是创造这种互动，使之扩展、碰撞，从而产生崭新的、华丽的成果！当自我意识的水晶变大、愿景目标不断明确时，我们有希望贡献得越来越多，直到小雪花最终演变成一场暴风雪。

人类团队的奉献

人类团队的工作领域所需的心境，和投入与奉献的质量，正是世界游戏所需要的。人类进化的传奇故事已经成为我们的出发点。当我们纵观团队崛起的庞大"家庭系统"时，我们需要将文明人类的故事看得至关重要。之后，我们才能将人类大家庭作为一个真正的"我们体系"。构建当今的"我们体系"是我们个人崛起游戏的大背景。

当我们将不断壮大的全球团队文化变成真正的标签时，周围的人也会开始去了解这一扩展的世界观。这与我们作为教练，如何开始看到个人教练带来了真正的结果，是同出一辙的。我们作为教练可以想象到，每个客户都会更进一步深刻体验到这令人满意的人类互动。随之而来的是我们有了更大的社区。其他人会赶上并不断扩大这一愿景——亦如这场雪越来越大。

我们将人类家庭的"我们体系"视为为了每个家庭或每个团队打造的容器，或是玩家的独特体系。请注意，当我们有效地开展团队教练时，我们在分别教练团队中的玩家，也在教练更大的体系——整个的"我们体系"。我们在教练所有层面！这是所有高效教练中的基本因素。这就使得世界游戏成为一个十分重要的教练框架，每一个单一的教练约谈都代表着"雪花"晶体的第一轮形成。

专注于拓展的"我们体系"能够帮助我们开发真正的教练位置和客户长期的价值定位。例如，当我们为团队或家庭教练时，我们就能帮助所有成员创造其自身的"团队故事"或"家族传奇"。逐渐地，我们构建出一个强有力的支持体系，并有能力延续下去！

我们是时代的英雄、传奇的缔造者、创新者、自然科学家、建筑师、伟大的音乐家、下一个人类崛起的新纪元的愿景创建者。世界所有的希望，今天都掌握在我们手中。

平衡能力的世界

如今各国的共同标杆都是国民生产总值，这已经成为衡量一个国家成功与否的专门用语。目前，世界上最富有的国家都在比拼，希望在国民生产总值的排名中名列前茅。世界上的银行家通过发放贷款赚取利润，从而推动他们投资的每个行业集合体。然而，潜在的概念是我们的幸福感来自职位和财富。

让我们为人类团队创建一些相关的基准。想象我们有一个多维成功标准的世界文化。

当人们与教练一起真正探索其内心世界的重点时，其成功的标准自然而然地扩宽了。他们倾向于一个平衡发展的生活。他们有了勇气去构建对社区、家庭以及自身成长更加宽容的新目标。考虑图8.2中的四个关键扩展领域吧。

GDP: Gross Domestic Productivity，国民生产总值
GLP: Gross Learning Productivity，国民学习总值
GKP: Gross Kindness Productivity，国民善良总值
GHP: Gross Happiness Productivity，国民幸福总值

图 8.2

如果将发展文化能力与国民学习总值、国民善良总值和国民幸福总值联系起来，和国民生产总值放在相同地位，这世界将会如何？请想象，当人们对国民幸福总值的关注与对国民生产总值的关注（只关注生产更多的物品）并举时，那会是怎样的？请再想象，当人们将国民善良总值作为发展文化力量的主要关注点，那会是怎样的？善良意味着为他人的成长确保安全和鼓励。你能想象一个将国民幸福总值作为成长的主要内容的国家吗？这个国家会是什么样子的？当今的不丹和厄瓜多尔等国家，正在努力将这样的指数作为首选，其主要的衡量标准已经建立了。请参见本书第九章的内容。

当我们的国家能平等地支持人类崛起的四种领域时，我们会用不同的方式看待成功，我们便开始探索用独特的贡献方式来支持身边人类的发展。

我们开始投身于更广阔的社会发展模式。这也会促使我们突破当今以物易物的经济观念，即当今人类的重心是在找寻将工作和时间的成功模式来换取财务回报。这对当今的文明人类过于简单。我们教练是否能够点燃更宽泛的愿景之火呢？

文明人类需要什么

让我们逐一分析这些关键领域，以便更好地理解世界游戏思维。他们是互相渗透的。

GL：国民学习总值。如果我们更加聚焦于国民学习总值，世界将会是怎样的呢？显而易见，教练自身就会蓬勃发展，并在许多方面激发学习。

让我们头脑风暴一下：当我们将种下国民学习总值这粒种子时，我们将开始在世界范围内更加关注联合教育。其实这早已发生了。人们会开发出多种渠道来扩展跨文化创新。请谨记，创新与兴趣息息相关，当人们通过高级的方法来支持自己和他人成长学习时，我们可以设法提高学习乐趣。

GKP：国民善良总值。如果我们更加聚焦于国民善良总值，世界将会是怎样的？

首先，想象我们建立一个机制，来帮助世界各地最穷苦的人民。我们希望看到人们能够做出更多的努力来帮助"最薄弱的环节"，例如由一个负担过重的家长支撑的单亲家庭。我们可以参与各种项目帮助危机中的少年、生命垂危的病人、婚姻不幸的人士等。在这个机制中，从一分到十分，假如我们每个人能把善良潜力仅仅提高一分，那会是怎样的呢？

GHP：国民幸福总值。如果我们可以更加聚焦于国民幸福总值，那世界将会是怎样的呢？

2003年1月，针对高幸福指数的群体，哈佛商业评论做了关于真正意义成功的调查，要求描述幸福产生的四个关键领域。他们发现以下这些方面（如图 8.3 所示）是那些多年保持幸福感的人最为津津乐道的。

- 投入某些长期传承的东西
- 创造性的发展和实践
- 每日都有成功或成果
- 每日都有享受的闪光时刻

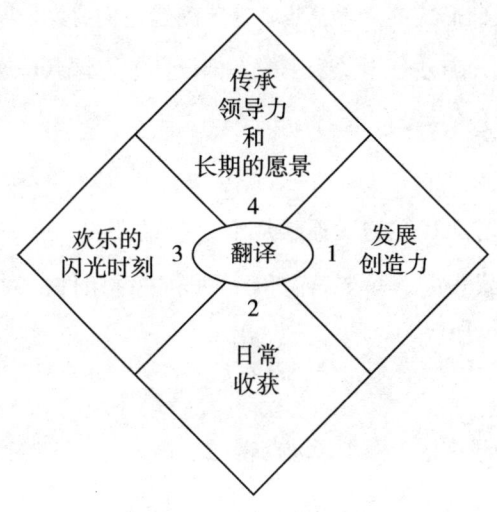

图 8.3　开创幸福与成功

哈佛调查描述了幸福人士的四个关键习惯，并发现他们每天在以下四个生命领域都要投入时间。让我们简短地探索一下吧：

1. 第一点是创新。真正幸福的人保证他自己每天都能有机会创新。
2. 第二点是结果。他们确保自身的行动每天都能积极地影响这个世界。这可能是较难的一个领域，因为它需要关注、注意力、代表性目标。我们用生命去打造什么？ 我们如何知道花费的时间是有价值的？我们如何计算结果？我们需要将真正的结果用于成功的经历。

3. 第三点是趣味和与他人有意义的连接产生的闪光时刻。这个方面的幸福不需要前期筹备。我们将用什么来为身边重要的人带来好的影响和快乐时光呢？我们每天将如何减轻他人的负担？你能给出租车司机讲一个有趣的小故事吗？你能与你的同事分享一个幽默故事吗？你能对给你服务的人表示真诚的感谢吗？

4. 第四点是传承本身。真正幸福的人会开发某种世界传承的项目。他们每天有一些付出是致力于发展这个传承的。这可以是任何层面、任何形式的传承游戏。重要的是他们要为长期的贡献打造一个舞台，游戏是为了未来的人们设计的，这点是这个游戏有别于其他游戏的关键。世界游戏便是这样一个舞台。

探索如何增加我们的幸福感是十分有意义的。这一久经考验的真正内在成功模式表明，只要符合以下两个关键条件，人们就真的可以每天体验到开心快乐：

- 始终致力于在以上四个领域获得成功。
- 始终致力于每天走入（最少短时）以上四个领域。

研究人员发现，保持长期幸福成功的关键在于，他们不仅习惯于每天接触到这四个领域，同时还试图使四个方面保持平衡，并且每天都会在每个领域投入时间！

请注意，这个发现与你、与读者、与我们每个人都息息相关。我们正在探讨的是一个强大却又简单、对生命锦上添花的东西：平衡你的"幸福习惯"。我们可以很实际地说，它能完全改变你的人生，并改变你周围人的生活。而且，这也会改变世界，会吸引越来越多的人参加世界游戏。

这个过程需要实践和规划。细节决定成败。其中关键行动就是每天花上几分钟时间，通过创造、加入或开启一个传承游戏或世界游戏，来开发和规划一个自己的传承。

只要按照以上这些指引来做了，我们就能真的实现我们希望在世界上出现的变化。让我们开发教练愿景的各个方面，将人类意识方法传播到更深更远的地方。让我们为了当今人类崛起和真正的幸福，创建一个崭新的平衡体系——就在今天。

第九章
人们玩的游戏

一个人每天做得最勇敢的决定是下决心拥有一个好心情。

——伏尔泰

柏拉图曾经说过:"善待他人,他人皆于生命中拼搏。"有些游戏与人类发展的方向是截然相反的,每人都熟悉那些游戏。他们代表了大量的负面情绪。他们是在责备游戏、羞耻游戏,这些游戏为诋毁受害者,与加害者的角色建立了框架。

在《人们玩的游戏》一书中,艾瑞克·伯恩把博得玩家同情的游戏,如孤儿、恶霸鲁尼和木腿游戏等,描述为"痛苦游戏"。这些游戏让人们为失败寻找借口,而并非让人负责或独立。

为什么这些负面游戏会吸引这么多玩家呢?

例如:路怒症游戏是一款世界各城市每天都在上演的游戏。交通堵塞把人们绑架了,引诱他们玩这款游戏,仿佛游戏能让他们解脱!那么常见的情形是怎样的呢?按喇叭,提高嗓门。

我们无法控制的状况,成了负面游戏的理想情节。当我们感到无助或无望时,如交通阻塞,我们变得很容易被这款游戏所把控,而且欲罢不能。由此产生的高血压和欠佳的健康状况,相对还是一个较小的代价;更大的损失是我们失去了内心的平静。这些让人精神高度紧张的游戏成了这些玩家的快乐杀手,因为他们被自己的情绪所控了。

更多的例子:世上有几十种不同版本的痛苦游戏。在家里、办公室中或团队中,我们经常看到替罪羊游戏、诽谤游戏、石墙游戏等。这些游戏的设计是让玩家获得权力、金钱、垂青,甚至满足个人嗜好。除了简单的讽刺和冷酷的坚忍外,我们看到的是冷酷的世界,在这里,人们为自己和周围的人创造的是一个人间地狱。

恐惧和追求舒适的故事是"红灯"故事。因为,就如红灯一般,他们是阻碍前行的。痛苦的游戏只会说"停",他们和世界游戏的愿景截然相反；而世界游戏则体现了内在"绿灯"似的鼓励，让人们带着承诺和热情不断前行。

恐惧游戏，追求舒适的游戏

恐惧和对舒适的渴望，是阻止人们向前发展、开发积极选择、创造积极结果的两个主要情绪。目前，对于承诺和参与的召唤，抵制度还是较高的。人们喜欢生活在消极的游戏中，因为旧习惯似乎舒适，甚至安全。

我们的社会规范大多是"别"。

旧模式
- 出头的橡子先烂
- 如果你没什么好话讲，就什么也别说
- 别打破现状
- 好奇心，惹祸根
- 小心点，枪打出头鸟

旧的模式是多数人未能采取行动的基础。这些模式源于恐惧并导致人们离开。其结果便是被动的舒适控态度，以及只赢不输的思维和信念，"规则"太难改变了。

大多数人的生活有许多内在禁令或自我警示，这是世世代代基于恐惧的社会规则。我们可以看到阴谋论比比皆是。人们经常会用旧的抵制模式来抑制梦想。

4 个令人沮丧的 D

- 我真的无法创造不同（difference）
- 我不喜欢失望（disappointed）
- 这对我来说可能太难了（difficult）
- 别人大概不想要（desire）

在当今世界，由于有了各种各样的社会媒体，公众被不断涌来的大众新闻潮所淹没了——这些媒体对人类的成功与失败津津乐道——然后还让公众品头论足。许多人害怕批评："我不想由于我做了什么，让别人不开心。"然而，我们都要对我们的社区负责，没有行动也是一种行动。

"你就改系统吧，看看结果如何。"人们会这样警告他们的孩子。恐惧会导致离开，会阻碍大脑的开启。人们很容易习惯于不参与。但这会带来失落、沮丧、悲伤甚至成瘾等内在体验。当我们失去了玩游戏的乐趣时，我们就失去了内心的自由。

尽管这个 4D 令人沮丧，乐观情绪仍以对愿景的期望、项目和热情的形式不断出现。作为教练，我们可以帮助他人超越那些最终阻止、伤害并摧毁我们的绝望游戏和红灯故事。我们可以告诉人们如何避免权力游戏、金钱游戏、名声游戏或复仇游戏。

人们很快就学会了区别让他们停滞不前的红灯故事，以及让他们向着生活的目的、承诺与实际发展全速前进的绿灯游戏。在自我发现的过程中，我们能够向别人展示如何成为专业、真实的世界游戏玩家。

我们为何要探讨这些？为什么这些东西与世界游戏"运动的质量"有关呢？因为，虽然都是教练，我们毕竟还是凡人，很容易被这些旧思想体系所俘虏。当看到困难时我们需要相互鼓励。这些旧的恐惧/追求舒适的思想体系已经支配了数百万人的生活。对很多人来说，旧的思想体系已经变成了毋庸置疑的生活习惯。有了团队思维，我们教练可以很快扭转势头，并转向其他方向。

世界游戏思维在召唤所有的教练加入，并在现有的事业上相互帮助，而我们的范围会更宽、领域更广。当我们向世人宣布我们凝聚在一起时，我们就有能量为世界创建更高水平的4D。我们将保持能量，向着梦想（dreams）、发现（discovery）、发展（development）和喜悦（delight）前进。我们在一起，就可以创造能量，让新的一天之曙光成为现实。

为你的世界游戏摇旗呐喊

世界游戏需要广泛关注，需要大张旗鼓的势头。你可能会发现，向他人提出愿景计划时，我们往往需要机会、案例、建议或要求等，并至少与之接触三次。然而只要我们坚持，他们是会做出回应的。

鼓励其他玩家参与，的确会创造很大的不同。当我们开始"理解"一个更高层次的概念时，愿景会将心门打开。我们会看到可能性，我们会希望投入。人们逐渐会为之吸引并希望参与，因为他们希望成为价值活动的一部分。

世界游戏的运动如雨后春笋，在世界各地涌现。这说明总有一股自然驱动力在推动正向文化的变革。我们看到推动变革的社会力量是无处不在的。

社会企业家精神与所有其他商业和社会企业别无二致。我们需要宣传自己的品牌。我们需要高举旗帜。我们需要让自己的产品尽人皆知。这意味着，当你引入了你自己的游戏，并希望快速发展时，你要把它公之于众，反复介绍，并制造兴奋点！我们卖的是孔而不是钻，是嗞嗞声而不是牛排。换言之，我们打造的是未来成果的愿景。你需要愿意一次又一次地努力——在范围和频率上——直到人们不断了解你的事业，并将之视为一份既定的事业，从而慎重考虑。

形成世界游戏教练团队是很有用的。世界游戏的玩家们通过俱乐部、社团等紧密的小组可以相互支持。同时，通过一起工作，成员们形成一个纽带，彼此促进，相互鼓励，让更多的教练成为大师级教练。在这个过程中，每个人都很快超越了陈旧的、消极的、只赢不输的游戏和态度。

运动在升级

我们欣喜地看到这种态度在世界范围内已经开始改观。我们开始看到许多寓教于乐、传递价值、成果导向和传递社区技能的书籍或游戏。

负面的游戏都有一个共同点。他们通常是基于长期积淀、怕输的信念体系，这一信念结构是"我最重要，这里水太深我可能受到伤害，我得保护自己"。在权力有限或价值有限的情况下，信念的持有者会采取"自己优先"的态度。当我们变得过于评判时，我们失去了同情，合作的愿景越来越小。

- 当我们认为自己正确而他人错误时，我们到底能得到什么？

- 当我们控制他人或避免他人控制时，会发生什么？
- 假如我们创造了我赢他输的定式，会发生什么？

答案是，短期内个人会小赢。总体上讲，长此以往，玩负面游戏的人最终将是输家。

如果一大群人循环往复地生活在"生存系统"文化中的负面框架里，后代便很少有强有力的领导力榜样可以效仿。这意味着，当他们的孩子面对阻碍时，他们会感到不知所措或无能为力，因为他们没有验证过的框架帮他们做着决定。

我们都需要正向的生命游戏。今天，随着"祝福游戏"如雨后春笋般遍及全球，我们已经看到了愿景导向生活的精彩范例。我们，作为教练，正在团结起来共同努力，拓宽愿景，让我们的后代向我们这个榜样团队学习！

实际上，我们已经有了许多了不起的榜样。从"杯子半空"的模式到发现杯子真的已经半满，过程已经变得简单！显然，当今的世界需要更多有意义、有原则生活的典范。

人们需要清晰的目标和可学会的战略。有了大师级的小组和世界游戏支持小组，我们就可以互教互学，然后将知识传递给更多的人，而他们还可以继续传递，直到永恒。我们要为人类打造一个"世界愿景"。

我们现在——今天——就要开始！这点至关重要，因为年轻人在等待榜样、战略、技术和循序渐进的例子，从而学习、设计自己可行的生命计划。当年轻人有了清晰的榜样——教练——和导师时，他们学着去做，并在自我发现中成长。通过一点点渗透，他们学着如何实施、履行生活目标。就像海啸带着巨大的能量将世界冲刷干净，我们将心中的恐惧一扫而光,取而代之的是希望和勇气。

毫无疑问,教练可以帮助年轻人找到或打造相互支持的社交网络。一旦为正向的团队所包围,年轻人会把这个社区当作为未来加油的"充电站"。

青少年的游戏:向更广阔的世界发展

我一次次地注意到,一旦我们有了机会,所有人会成为真正的玩家。很多正向的游戏吸引着我们,最成功的游戏能激励玩家接受艰巨任务并设法将之完成。

让我们想一下今天年轻人钟爱的所有视频游戏和电玩吧。每个三十岁以下的人都承认,自己儿时玩过至少一款游戏。而今天,甚至五岁的小孩都是高手了。无论概念繁简或技能高低,基本上所有电子游戏的主题都是开展英雄战略,战胜不可能的目标。年轻人容易热衷于在电子世界中取胜。然而,尽管学习战略思考,他们还是未能理解,开发游戏技能有着更宽泛的意义。他们可能在虚幻的电子游戏中玩了多年,但从未意识到在游戏之外的现实社会中,另一场真正的游戏正在进行,而他们可以是真正的玩家。

年轻人经常有热情体验视频游戏应对挑战而制定战略的过程,这样可以练习制订详细的行动计划。视频游戏会呈现给玩家有趣的假如模型,通常是在惊艳生动的模型或虚拟现实中去完成一项难以完成的使命。然而,其伪附带利益是,视频游戏让玩家与世隔绝,脱离了家庭困境或社会问题。它还给玩家私人时间,使他们重新获得一种兴奋的感觉,在片刻想象自己玩的是真正勇敢的"生活游戏"。难点在于虚拟游戏提供的不用作为的安静环境，最终会导致深深的失落感和孤独感。

替代品终究是替代品。人们都希望真实、积极、真正活跃和现实生活的挑战。在内心中，他们渴望真正的世界游戏，因为他们自然知道自己要去打造现实生活的能力。他们特别想找到一个模式推动自己，将能量转移到真实的、现实世界的挑战中。作为教练，我们可以帮助并鼓励年轻人走入现实生活的冒险旅程，这将帮助他们向着人生目标迈进。

给力、有趣的游戏要开发出一套系统的战略，旨在产生具体的成果。游戏的过程会将我们聚焦在实施这一成果上。正向游戏的设计是，只要我们应用了这些战略，我们就会有结果，就会赢。我们会从中学会成功是怎样的，何时庆祝。计算机游戏目标清晰、情节发展直截了当，其价值是激励玩家完成一个简单的使命。在设计增值游戏、现实生活游戏时，这正是我们需要的。现实生活游戏需要现实生活中的人们增加生命拓展的力量。

显然，即使是替代游戏，在许多方面也是有用的。它会帮助玩家打造策略，将其能力在扩展的方向发挥。假如我们能提供清晰的真实世界挑战，提供真实世界真正赢家的真实方法，这些游戏将可以成为真正世界挑战的踏脚石。作为教练，你可以帮助这些玩家在更宽泛的世界游戏中一点点地提升他们的兴趣。

婴儿潮游戏：在"退休身份"背后

你是出生于1944～1959年间的"潮儿"吗？假如你是，你很可能面临另一系列的挑战。退休生活一直是吊在奢侈生活前面的一个诱饵，你终于可以摆脱工作这种烦心事了。真正的问题来了：你真的想退休吗？

退休是一种诱惑（如视频游戏），因为退休终于让我们摆脱了一生看似单调乏味的工作。然而，它也会让我们怅然若失，而这种失落感实际上会加速疾病的到来。即使是退休了，多数人还是想有一种高水平的投入感并不断学习。和退休规划者的市场推广相反，多数人不向往绿色牧场上安逸无忧的生活。大多数人并未觉得"置身于农场"是晚年生活的积极解读。

所有的人——无论年龄几何——都需要有事可做，这样可以消耗能量。假如不使用能量，我们会失去能量。当我们停止在现实生活中采取真正的行动时，我们会发现生活很快变得没有起伏，而我们的心电图也会呈直线状。退休，就像电子游戏"出局"一样，只是在我们渴望真实假期之前稍事休息。

退休常常会删除贡献的喜悦。从"工作进展中"的博大世界中抽离出来，而进入小规模、私人或个人的日常琐事中，这可能意味人们会发现自己生活在一个感官行将丧尽的舒适区。家就成了生活的全部。缺少有意发现和生命意义的舒适游戏会把我们带向人生运动场的终点。

真正的退休专业人士是保险公司。这些玩数据的人知道真实的情况。当人们终于得到了公司的金表和高管的拍肩赞许、离开办公室进入退休世界时，他们会比普通人有更多的失落感。当生命失去了目标和意义，这种失落感对健康是致命的。人需要意义才得以生存。

看到这么多的"潮儿"未被退休的安逸生活所吸引，而是选择了进入为世界服务的另一阶段，真是太棒了。当他们重回世界，活出年轻时的贡献愿景时，新生活让他们焕发了生命！当玩起真正的世界游戏时，他们的病痛被人们的微笑和感激治愈了，而这些人正是他们服务的人。他们发现自己找到了使用空余时间的方法，并在其奉献的有意义的生活领域中，真的创造出了不同的反响。

结果导向的教练们能够帮助潮儿们拿到不退休的世界游戏专注点。对于永不退休的潮儿们，他们坚持奉献的过程与传承游戏的过程，会给与之互动的年轻人树立强大的榜样。

当我们追求年轻时期的愿景和梦想时，我们会永葆年轻。服务心态使心脑焕然一新。更有甚者，我们周围的年轻人会以我们为领导力榜样，向着自己的理想世界和未来梦想的家庭迈进一大步。

"你应得"的私人游戏

"你应得，你该拥有……"是我们经常在电视、电台和畅销书中听到的。你该有假期、曲奇、羊绒衫或奔驰。你该善待自己在巴哈马度假，你该在地中海邮轮上度假，你该有一个宽屏幕电视，你觉得自己该有什么就应该有什么！"你值得，你该拥有"的架构让北美和西欧的两代人成为世上最富有的人，然而也是最臃肿、依赖性最强、最胆小、最不开心的人。

"你应得"这一说法已经一次又一次地被证明是自利的骗术。物质的诱惑或异国旅行的困境在于，它把人拉回"暴发致富"的框架，使得原本令人满意的东西变得不满。有了狄德罗效应的人们永远不会满足。你应得的东西经常不会给你带来立刻的满足。更确切地说,当得到我们认为值得的东西时,我们发现它只是暂时分了一下心而已。一场婚礼盛宴很快会过去,留给我们的期待是下次我们应得的下一场盛宴。

喜欢外在的安慰很容易上瘾,这会导致与世界失去连接,并产生孤独感。真正的满足感需要生活的意义。当人们承诺真正满意的生活时,他们会感到真正的快乐。他们会有办法避开金钱游戏,而去追寻服务游戏。满意的生活只需有限的钱财就足矣。

为他人服务的价值远比拥有大把金钱或一掷千金要高得多,所以我们学习探索深层的友谊和富有价值的挑战。玩生命游戏,我们要用内在的目标打造内在的生命——这点在任何时代都是重要的!

好消息是,我们进入了新时代,基于恐惧、舒适的意识形态正在逐渐消亡。无论生理年龄如何,生命在不断向我们召唤,召唤我们玩一把真心向往、值得一玩的游戏。我们也真心希望锻炼心脑,以自己的独特方式充分发展自己。

现在到了开发这一游戏的时候了。哪些结果导向的游戏在向你召唤?你的内心多年的梦想是什么?

研究幸福网站

如第八章所述,越来越多的顾问已经参与开发了一个新的世界游戏的度量方式——幸福。有的甚至建起用科学方法衡量幸福的产业。请花点时间查一查这些令人叹为观止的项目和世界上最幸福的地方。

不丹的国民幸福指数项目开了先河。不丹王国在 1972 年开启了这个项目,至今仍在不断地用图表来展示其国民幸福指数。每年他们都试图度量公众满意度、环境保护、邻里和谐。用谷歌查一下下列概念,做点调研。当你在考虑用世界游戏愿景,并开发自己的生活"品牌"时,有些东西可能会触发一些想法。

- 新经济基金会的世界幸福指数
- 莱斯特大学开发的世界幸福地图
- 世界价值调查的幸福排名
- 阿特金森基金会的加拿大幸福指数

在所有研究中,有关幸福的一个有意思的特点是,它与社会创造有着明显的联系。只有游戏真的有趣我们才能找到真正的幸福!假如你想知道什么游戏能激发兴趣,请谨记:

> 你的游戏如何能成为世界运动的一部分,创造真正希望的图景?游戏一定要激励他人,这样才能创造出相信在现实世界解决问题、能够担当的人。我们要在现实生活中想象出最棒的结果,然后帮助别人去设计各种实施方案。

第十章
创造愉悦的愿景

所有的路都是漫无目标的,重要的是选择走你心中之路。

——卡洛斯·卡斯塔尼达

创造自己的世界

目前为止我们都谈了什么？愿景生活游戏一定由本人开启，假如我们自己不能参与或投入不够，让别人跟我们一起玩就难了。游戏必须是真正正向、成果导向的，同时我们要学会放松、有趣互动、提升能量。

创造伟大的游戏，我们需要将之打造得正向、具体、可衡量、具有相关性、可实现，并有时限性。而且这个游戏应该是对人有益的！这就是当下生态游戏的开发为什么如此经典、引人注目的原因。我们如何创造出健康的海洋生态那幅引人入胜的愿景，或是各种蜂、鸟、虫、蝶一片祥和的太平盛世呢？这些祝福游戏能让我们在许多方面创造出积极正向的参数，让玩家玩得开心并投入。

创造游戏对我们的挑战，是让游戏真正积极正向并可衡量。之后我们可就团队投入度进行教练，那时的教练会是令人信服的。

我们都是人类发展这个大游戏中的自然部分。那么，我们如何能让自己对我们正在创建的世界多尽一份责任呢？

社会脑

我们需要一起找到真正产生共同生命力量的游戏。我们与他人的连接是由一种叫作"催产素"的荷尔蒙释放而产生的，当你来到这个世界时，你和你母亲都接收了这种荷尔蒙。所以，你们彼此是有连接的。从出生开始，大脑中的镜像神经元就开始帮助我们使这些"匹配"

具有凝聚力并有作用。

镜像神经元是什么？

镜像神经元是由贾科莫·佐拉蒂为首的一组意大利人，于20世纪80年代和90年代在意大利帕尔马大学进行研究时发现的。他们的发现至今继续吸引着科学家们，这是事出有因的。

镜像神经元是连接特定行为的大脑额叶神经元，当一个动物发出了一个动作，而另一个动物在观察时，这个特定的动作就激发了这两个动物。这点同样适用于人类。估计有10%~20%的神经元实际上就是这样发挥作用的。例如，如果有人撞自己的头，你立刻同情地缩了一下。当我们观察到另一个人正在经历一件事时，我们的神经元会做出虚拟现实模拟。它会立刻产生同理心和社会学习。

镜像神经元有着很高的传播技能，并代代相传。对于人类，它们可以帮助我们认识到新的存在方式，和未来可能发生的新愿景。这意味着，在我们传输所有智力因素时，镜像神经元可能是非常重要的——这有助于价值发展和愿景能力模型的建设，并通过团队参与来测试。我们共有的先进学习能力，将创造持续独特的人类发展领域。这对成果导向的方法尤为重要。

当放松时，我们能够与最强大的积极信号建立连接。这点我用高级建模课程已经测试很多年了。人们可伸展的空间比他们想象的要远得多。我们会与身边人的深层价值观、愿景和贡献相匹配。我们通过感觉和心灵感触的连接，自然地形成了我们的社区。

寓教于乐

让我们来总结一下成果导向法。成果导向思维是在世界各地兴起的一种强大的、新的心理模式。这一方式包括以下方面的主要变化：

- 如何聚焦于未来；
- 如何聚焦于解决方案；
- 如何聚焦于他人的资源；
- 如何聚焦于大系统，将之打造为值得一玩的游戏。

我们在构建开发点子的新方法和达到目标的新方法。目前包括：

- 用脑图来激励创造性思维；
- 用优先排列系统来澄清要事优先；
- 如何应用视觉模式和隐喻去激发个人掌控；
- 如何通过团队学习来建立强大的团队。

成果导向的方式包括：

- 提出强有力、正向、开放的问题；
- 深层聆听；
- 帮助客户走出改变的第一步；
- 找出方法，度量进步；
- 有效地感知位置，形成习惯；
- 聚焦于正向价值的连接。

所有这一切将在做人的态度和习惯上，共创出最大的变化。

当大家朝着这一方向努力时，我们发现成果导向法使我们的"善良水平"有了很大提升，这是通过我们的互动风格，通过我们在沟通中保持教练状态、有效聆听、保持觉察做到的。当我们使用了埃里克森的五大原则时，一切进度都加快了。这点在本书的31页已有阐述。

当我们在学习中练习"下一步"能力时，快乐的荷尔蒙一次次地沐浴着我们的大脑，鼓励我们不断地扩展生活，并与他人有更多的连接。内在学习机制的暗示是，我们天生就有能力开发世界游戏，这自然是为了他人的利益。然而，一旦这样做了，我们作为玩家的能力与喜悦，也会成倍增长。

这说明真正伟大的游戏必然包括某种长期的社会发展因素。我们创造的任何游戏都为了开发社会脑，因为这需要我们调动所有的资源来开发真正的领导能力。只有如此开发游戏，我们才能真正唤醒玩家有效吸引他人的能力。

当今的大脑研究支持社交网络游戏的价值。我们所有的研究均表明，包容他人在满意与有意义的人生中是必需的。同时，通过其基本的内部结构和神经可塑性，大脑的设计是要给自身的结构整合，建立更多的开放性和意识。它不断地引导我们，去追求更多的灵活、包容、公平和平衡。

创造愿景：设计游戏时感受愉悦

此时跟我一起揣摩一下潜在的愿景吧：你可以从创造单一游戏、单一玩家的角度来看，也可以作为社区玩家、团队玩家或组织玩家从

"我们"的角度来看。社区不大,但很有活力,成果导向教练的社区就是这样一个玩家的群体。我们吸引个人参加,也欢迎他们和伙伴一起加入。作为成果导向的玩家,我们在努力超越自己的私人舒适区,投入到深度个人发展和深度共同学习的乐趣中来。

围绕一个传承的主题,你可以通过向自己问下列问题开始:

- 假如你能给自己的团队、组织或社区创造一个世界游戏,你会成为谁?(我们要放松一下,就像玩象棋、大富翁或足球)
- 玩的时候你是谁?什么愿景会激励你?
- 想玩游戏的时候,你需要成为谁?
- 为什么打造这款游戏引人入胜、爱不释手的游戏这么重要?
- 什么使它如此值得,让大家非常希望投入?
- 你如何打造这样一款可行的世界游戏——能同时点燃愿景和心灵?
- 你将如何推广?比如有趣的艺术形式,比如一个引人注目的球队队员,或正在流行的益智游戏——比高跟鞋、长袍或意大利剪裁更引人注目?
- 你将如何度量?问题就是在这儿!如何创造出一个大家都理解、都遵从的量度呢?
- 你要做什么才能让团队中所有的人参与游戏并相互配合?
- 你可以创造什么形式的竞争吸引人们真正放松,并激发、吸引人们参与?乐趣从何而来?
- 时间、地点呢?这部分容易。显然,时间就是当下。地点是开发内在的生命,同时聚焦外部生命的强大。游戏的环境是我们所有人赖以生存的小小地球。

让我们看几个例子吧。我们可以从本地的小例子开始。例如，一个小团队游戏练习发生在弗农的一家餐厅。弗农是一个五万人的小城市，位于加拿大不列颠哥伦比亚省。餐厅的开建完全是为地方非营利团体集资，为了支持当地的艺术。还有一家非营利性的咖啡屋，有很好的社会环境和精神环境。志愿者帮助组织运营，上餐、清理桌面。人们为有意向的志愿者奉献其技能。所有的玩家都觉得自己既是志愿者又是客户。玩得不大，是的，但可喜。这样一个传承游戏带来的创造和发展的乐趣，以及行动和连接，让参与者享受他们的创作。

世界游戏的两种学习：团队和个人

团队拥有创造性的机会。要创建一个强大的团队，我们需要赋予团队一个功能，让其享受共同行动的乐趣。今日团队游戏设计和后续工作在全球都是好生意。我们所有人都有能力去创造愿景目标。大家都自然喜欢参加项目意义深远的团队。

如果你想向团队建议世界游戏项目，那就学习团队教练技能吧。教练真的有一些特殊才能和技能，帮助团队和领导推进传承开发游戏。

什么会使你的团队投入呢？第一，他们需要找到一份值得关注的使命。第二，他们得相信你是值得信赖的合作伙伴。第三，他们要积极计划。第四，他们需要分工，提升动机，采取行动！作为教练，你可以让他们专注、保持正确的方向，并激励其社会脑的连接过程。

成果导向的教练可以帮助企业团队创新，如果你头脑中有传承游戏的想法，效果会呈几何倍数的增长。然后，你可以用地图、规划工具、应急计划等帮团队制作一个"好游戏",而深度学习给所有人都创造了快乐。

这意味着我们要使用价值观导向的方法,为团队设计强大的实施策略,从而得到强大的结果,包括愿景头脑风暴、利益相关者意识、三座椅规划等其他团队创造力工具。在一个强大的团队教练的帮助下,团队可以通过实施计划所需要的步骤,开发讨论愿景。

盖勒普 Q12 问题

学习如何创造团结和团队精神,一直是盖洛普组织的核心工作,并为之展开了全球员工态度的研究。盖洛普组织在全球采访了超过 100 万名员工。跨公司跨文化的员工态度分析表明,12 个关键领域始终与员工的保留率、业务单元的生产力、盈利能力和客户忠诚度息息相关。这 12 个领域已被浓缩成问题,向员工询问以了解他们在公司的生存状况。这些问题被称为盖洛普 Q12 审计问卷。

下面是审计问卷的一些问题,它显示了使命、愿景和快乐连接的力量。

- 在过去的 7 天里,我因工作出色而受到表扬;
- 我的主管或同事关心我的个人情况;
- 工作单位有人鼓励我的发展;
- 在工作中,我觉得我的意见受到重视;
- 公司使命/目标让我觉得我的工作很重要;
- 我的同事们致力于高质量的工作;

- 我在工作单位有一个最好的朋友；
- 在过去的六个月中，单位中有人和我谈到我的进步；
- 过去一年里，我在工作中有机会学习和成长。

（©1997–1999 The Gallup Organization）

（你可以访问盖洛普网站 http://www.gallup.com/home.aspx 找到完整的问卷，了解它是如何在工作场所被使用的。）

第十一章
世界游戏的挑战

首先，最重要的是要找到一款值得一玩的游戏……找到这个游戏后，便全情投入地去玩儿——就像赌上了生命与理智（他们确实也有赖于游戏）。

——罗伯特·德罗普

如何能够摆脱这些"伟大的小鬼"

跨越那些饥饿的内在恶魔之需求,踏入真正的游戏板块,我们主要的"内在挑战"是什么?我将之分为四大类:

- 对梦想的恐惧;
- 对失败的恐惧;
- 对冒犯他人的恐惧;
- 对冲突的恐惧。

之所以将这些恐惧称为"伟大的小鬼",是因为它们在世界文化中无处不在。我们怎样才能帮助他人摆脱这些恐惧呢?通常,这些小鬼对我们个人来说很大。例如,人们会担心,如果他们宣布一个计划,也许后期未能完成,而这会让他们看起来很愚蠢。"小鬼"这个词只是指一个小恐惧,无论当时它是多么大。

一些关键问题可以帮助人们切实核对他们的优先级。你可以问他们:

- 比起习惯性的勉强与抗拒,你想要拿到更多的是什么?你想成为更大事业的一部分吗?
- 更远的门柱对你的召唤是什么?
- 你想要感觉自信,而不管他人意见如何吗?
- 你想知道自己具有跌倒后再次爬起来的能力吗?
- 你想知道人们在不赞成你的观点时依然可以爱你吗?

在小鬼出现的一刻挑战它们，通常可以立刻征服小鬼，这样玩家得以发挥其自然力量继续游戏。人们需要可行性计划，去参与这些游戏中，以打造其真正持续并有愿景的领导力天赋。教练真正能帮到他们的，正是在他们规划并实施计划时。

如果小鬼开始攻击了，教练可以迅速帮你将小鬼还原到他们的实际大小。我们看他们都是些"小不点"、小故事。通过挑战小鬼，我们开始看到其实际的大小。与我们真实的能力相比，它们真是微不足道。当你遇到类似恐惧时，称之为"小"或将之分解是很有效的。它们马上随之变小了。

何为领导力

承诺让我们可以克服以往所有的障碍：在公众前曝光的恐惧（这可能会招致嘲笑）和选择逃避而干脆无所作为（舒适感或自我保护小鬼）。我们逐渐学会弯曲和移位，以超越之前习惯恐惧系统的流沙。我们还学会了超越他人的反对与挑战，使自己变得更有弹性、更灵活、更勇敢。当我们创建出积极向上、鼓舞人心的真正的世界游戏时，我们就会发现自身潜在的领导力。我们承诺。

何为领导力？领导力就是创造一个他人想要归属的世界。领导力是通过与他人分享自己的知识，分享自身潜能的内在意识，而帮助他人成长，并开发他人的潜能。领导力意味着看到了未来充满希望、大有作为，并坚信自己是使之发生的关键人物。领导力就意味着能够帮助大家成长，并鼓励他们自我成长。当领导者的能量和目标能足以鼓励他人作为玩家加入时，这些强有力的领导者会催生共同领导者。

世界游戏愿景孕育个人责任感

当我们认为若无外在刺激，我们就没有"快乐时光"时，当生活中充斥着"必须做的事情"，而我们已离不开外在形式的刺激和快乐时，沉溺感就会滋生。当我们相信，若没有外在帮助或是外在力量的催化，我们就无法获取我们想要的特殊快乐的时候，抑郁和限制性思维便出现了。例如，我们会感到我们必须从购物、博彩、派对甚至从额外的一份甜点中感受到快乐和陶醉。我们定义这种思维为恐惧导向思维。"这对我有何意义？"主导了我们的注意力。

世界游戏的目标是推动人们突破沉溺，因为两者是互不相容的。当我们将世界游戏愿景作为目标时，即使人们偶尔会产生那些过时的自定义想法，也无关紧要。因为在一名教练的指导下参与一个真正的游戏，你很快就能摆脱那些束缚。

一旦注重目标，我们便无需任何外力，我们愿意认可自己的内部状态和外部现实。这样，我们可以体验在自我控制状态下的开心与不悦。当有了更大的目标、愿景和使命时，我们便学着不再自我放纵。

为了做到专注与强大，最好有一小组大师级的教练帮你开发你敢于创造的真正贡献。在分享一个伟大的游戏时，人们很容易互相帮助。你正通过你的游戏设计未来习惯的关键元素。你要超越之前的恐惧、沉溺和妄想，并加强你真诚服务的承诺。

游戏中的游戏

至此,你也许会发现,在这个教练游戏之中还蕴藏着另一个很棒的游戏。我们通过提高自身的意识去唤醒人类的意识,而我们提升自身的意识,是通过帮助他人加深觉察来实现的。我们正从传统的、沉溺的个体身份,转向世界游戏之意识引领者这一更大的身份:这是一个旨在开发人类潜在的真正能量的游戏。

何为大师或精通?请注意精通并非一日之功。它是一种精神状态,是一种在当下的状态,此时你全然地聚焦于如何创造思想和回应。由罗伯特·德罗普所著、于1960年出版的《大师的游戏》中的这一段落值得一读:

> 首先,最重要的是要找到一款值得一玩的游戏,找到这款游戏后,就应该全情投入地去玩儿——就像赌上了生命与理智。学习法国的存在主义者挥舞着一杆上书"投入"的大旗。
>
> 尽管并不意味着所有,所有路径都标有"无出口",你还是前行,似乎你的动作是有目标的。假如生活没有为你提供一款值得一玩的游戏,那就自己创造一个。这个大家都明白,即使是脑袋最不灵光的人也知道,有游戏总比没有要好。
>
> 然而,尽管玩"大师游戏"是安全的,但它并未成为流行游戏。它仍然是我们当今社会中要求最高、难度最大的游戏,玩者寥寥无几。现在的人们沉迷于自己的小聪明和小算盘中,他们很少会和自己的内心世界连接,只关注外部,而非内部。而"大师游戏"完全是一款内心世界的游戏,而人们对内心世界这一巨大

的复杂的领域又知之甚少。因此,这款游戏的目的在于真正地唤醒,并彻底地发展人类潜在的能力。

这个游戏仅限于这样的玩家参加,他们对自己以及他人的观察与认识,已经可以让他们得出某个结论。换句话说,这个人的意识常态,所谓的清醒状态,并非他所能达到的最高层次。实际上,他的状态与真正的觉醒差距如此之大,以至于可以被称为梦游状态,一种"清醒的睡眠"状态。

一旦某人得出如此结论,他便寝食难安了。一种欲望在内心生长,即对真正觉醒的渴望、对完整意识的渴望。他发现自己看到的、听到的、知道的只是他所能看到的、听到的、知道的世界中的一小部分。他发觉在内心世界的居所里,他住在最贫穷、最阴暗的房间里,但他意识到他可以进入其他房间,那些地方既美丽又充满宝藏,房间的窗户是通向永恒和无限的。

孤独的玩家今日生活的文化背景,是一个多少与其目标完全相冲突的文化背景。人们不认可"大师游戏"的存在,并认为其游戏的玩家古怪甚至疯癫。因此,玩家面临着来自他所处文化和环境的强烈反对,这可能会导致他中止游戏,甚至将之扼杀在摇篮中。玩家只有通过找到一个老师,并成为这位老师所带学生中的一员,才可能获得鼓励和支持。否则他会干脆忘掉自己的宗旨,或误入歧途,迷失自我。我们足以自信地说,"大师游戏"并不是一款设计简单的游戏,这个游戏需要调动玩家一切的一切,包括感知、思维以及生理和心理上的各种资源。如果某玩家没有竭尽全力或者是通过不正当的方法获得结果,那么他很可能会摧毁自己所有的潜在能力。因此,如不能拼尽全力就不如不去开启这个游戏。

打造自己的"内在游戏"

什么样的召唤会推动你采取行动呢?对某些人来说,当看到危险需要应对的时候,他们便会开始采取行动。那么,目前你有看到任何危险而触发你当下采取行动吗?危险同样也是一个"D词"。假如我们认为自己需要发现并规避危险生活才会有意义,那么我们活着的这几十年会过得十分压抑。然而,如果我们以参与世界游戏的方式处理危险,我们则会增强内在力量和承担风险的能力。

对某些人来说,采取行动的召唤来自自我发展。自我发展的召唤在世界游戏中举足轻重,因为如果想要把游戏玩好,我们需要持续地培养和发展兑现承诺的能力,尤其是对勇气的培养。我们遇到的挑战也许需要我们调动所有的资源。这样,我们将危险变成了机会游戏。

我们自己认为重要而需要学习的东西,是一定要聚焦的。每人都致力于发展所需的能力。真正的问题是:你能让你的游戏玩到多大,并同时发展你的自身能力呢?

创造一个游戏来做到这一点太好了,此时一个更深的游戏出现了——我们且称之"内在游戏"或是"游戏中的游戏"。只有当我们受到激励去玩更大的游戏时,我们才能开发内在能力,达到一定的力度和灵活度。

当我们设定的门柱需要领导力或自身能力的特别提升时,我们倾向于达到我们预期的意识水平和承诺水平。我们会尽最大努力达到选定愿景的要求。

如何发现你的内在游戏呢?

- 首先，你需要给自己建立一个"外在世界"的门柱。你需要在逻辑层次的价值创造这一较高的层面上，为自己在世上设定成果，并甘愿为之全权负责。
- 其次，你需要聚焦于使之真正发生所需要的能力。
- 以此为起点，你可以开始思考行动计划和细节，这个游戏中的具体约定是什么？它会产出哪些具体可衡量的结果呢？
- 下一步？向世人宣布你将百分之百地承诺，让成果变为现实！

进入真实世界的能力考核和具体计划实施，会让你的游戏真正落地，并产出真正的结果。真实可见的成果会赋予生命更多的能量。这意味着你既达到了外在世界的结果又有了内在世界意识的转变。这两者紧密相连。

游戏中的游戏：自我觉察、感激与包容

让我们简单思考一下教练的"内在"游戏。简而言之，在通过自我意识发展来改变世界的过程中有两个主要的"内在变化"坐标，那就是感激和包容。我们正是通过两者来发展内在引爆点。

外在的游戏也是一样的。慷慨加盟游戏的人越多，我们就会越发感激他们的参与和努力，我们就越能创造更强大的引爆点来提升自身能力。

教练世界游戏同样注重把专业的教练态度带到日常生活与工作中去。我们的内在目标是转变同事和遇到的每一个人的思维模式，使之变得更加包容、感恩和宽容。这种新的思维模式会帮助外在游戏，能

量会与之增长。

每天拿出时间来感恩需要我们付出额外的时间。然而，感恩自然会将觉醒圈扩大，因此更多人可能会成为世界游戏玩家。

包容亦是如此。它需要人们承诺去表达我们收到的价值，这样他人才会真切地感受到被包容。

如果你百分之百地承诺在生活中尽可能做到感恩、宽容，你身边的人会开始放松，人们也会自然向你靠近。此时，更深层的结果将如潮水般涌来。

超越玩世不恭

人们很容易被玩世不恭绑架。人们如此希望拥有归属感，以至于他们会通过加入朋友、配偶、老板和领导者的"玩世不恭俱乐部"，来"购买"归属感。

任何一个具有清晰行动计划的积极世界愿景，都会提供一个简单的方式去转变我们这个时代玩世不恭的态度。我们如何才能帮助他人了解，他们可以独立学习、自己成长、独立思考、挑战常规，甚至出错，但仍然可以被欣赏和包容呢？我们如何帮助他人，让他们知道他们的学习与成长是安全的，他们无须抱着自我批评和玩世不恭的态度去击败自己或是打败他人呢？

我们通过提高自身意识来提升整个人类的意识。当你挑战玩世不恭并展示出相反的态度时，你便成了希望的象征。当你创建传承游戏或加入世界游戏时，这一举动对身边的人是有肯定意义、有影响的。因为你非常肯定地将他人包容到你的生活中。

那么你自己呢？你的目标是奇迹！充分肯定自己！并从此开始改变世界！

滴水穿石。自我欣赏可以让我们获得能量，有了能量，我们便可以采取真正的行动。

我很欣赏特蕾莎修女在《不管怎样》中提到"反对玩世不恭"的信条：

> 人们常常蛮不讲理，不合逻辑，并以自我为中心。
>
> **不管怎样，原谅他们。**
>
> Be kind anyway.
>
> 如果你善良，人们可能会谴责你有自私和秘密的动机。
>
> **不管怎样，善良一些。**
>
> 如果你功成名就，你会有一些虚伪的朋友和一些真实的敌人。
>
> **不管怎样，你还是要取得成功。**
>
> 如果你诚实率直，人们可能会欺骗你。
>
> **不管怎样，你还是要诚实和率直。**
>
> 你多年来营造的东西，有人在一夜之间把它摧毁。
>
> **不管怎样，你还是要去营造。**
>
> 你如果找到了宁静和幸福，人们会嫉妒。
>
> **不管怎样，你还是要快乐。**
>
> 你今天做的善事，人们往往明天就会忘记。
>
> **不管怎样，你还是要做善事。**
>
> 即使把你最好的东西给了这个世界，也许这些东西永远都不够。
>
> **不管怎样，把你最好的东西给这个世界。**
>
> 你看，说到底它是你和上天之间的事，而绝不是你和他人之间的事。

结果导向的感恩力量

你身边所有的发明——眼镜、音乐、穿的衣服、写字用的笔甚至写作本身——都是我们的先人发明的,这些人们拥有梦想、愿景、想法,并采取了聚焦行动。我们生活在一个他人所创造的世界之中。对这些馈赠的感恩让我们有了今日的快乐,并帮助我们采取真正的行动以成为未来快乐的一部分。

每年,尤其是在每年节假日时,我们很多人会花些时间,对同事、朋友和家人表达我们的欣赏之情。这年复一年的仪式让我不禁思考真正的欣赏的本质。伟大的思想家已经对此有过很好的阐述。

让我们听听梅乐蒂·碧蒂是如何陈述的:

> 感恩开启生活的圆满。它将我们的拥有变为富足或更多。它变拒绝为接受,化混乱为有序,使困惑变清澈。它能将简餐变为盛宴,房屋化为家园,陌路变为友。它能变问题为礼物,化失败为成功,将意外变成完美的时光,把错误变成重要事件。它将存在变为真实的生活,将无序的情况变为重要的、有益的一课。感恩使我们的过去富有意义,为今天带来和平,为明天创造愿景。
>
> 来自:Melody Beattie, The Language of Letting Go: A Meditation Book and Journal for Daily Reflections (Hazelden Publishing, 1990), August 1 entry.

对于相互欣赏,我有一个很好的例子,故事起源于一次小意外。

一次在全班人面前,我在拔掉水彩笔帽的一瞬间,被吓到了,水彩笔的黑墨水溅到了我的米色西服上。无奈,我只好把这件外套扔了。第二天,一位女士把外套还给了我。我赶紧找那块污渍,结果发现那位女士在那块污渍上面涂上了艺术、优雅的图案。这位女士将我的外套从垃圾桶里救了回来,并把它变成了一件漂亮的、设计感很强的外套。她只说了一句话:"非常感谢你的研讨会。"这件外套成了我最喜欢的衣服之一,并且我又多穿了很多年。

还有一个很棒的例子。有人在一个充满乐趣的节目接近尾声时,为了烘托气氛而写了一首歌。这首歌如此惊艳,让全场振奋。我们随着音乐的节奏舞动着,逐渐我的心也开始歌唱了。她为了表达感恩之情而付出的幽默之作点亮了我整一周。

当然,欣赏的收益不仅限于接收者。事实上,欣赏往往对发出者大有裨益。健康统计显示,感激的祈祷对心脏有益。研究表明,"餐前祷告",即对所获食物表示深切感谢,可以让食物更好地被品尝、更彻底地被消化。餐前祷告其实并非宗教行为,而是关于认可我们彼此间深深的联系,以及表达我们对他人作为的感激之情。我们对生命的感激打开了自身状态与智慧的容量。

宽恕打开了通往包容之门

宽恕是使包容变得简单的过程。宽恕需要人们额外关注,需要愿意让他人出错并原谅他。这才是让世界游戏得以普及的真正内心游戏。感恩、包容和宽恕让彼此变得强大。当感恩的力量被充分理解时,宽恕就变得十分简单。了解到每一位母亲为婴儿出生的付出,会让我们对所有过去的付出表示感激,并因此与父母和平相处。

所有的欣赏会建立良性循环。它像远洋邮轮一般创造出向外的层层波浪,为紧随其后的每个人带来了更多的价值与认可。

欣赏祝福的语调,是生命教练重要的组成部分。有效的教练是具有欣赏性的。作为教练,我们全然地欣赏我们的客户,犹如我们以同样的方式全息聆听。通过我们的努力,他们会体验到更多的自我意识。人们需要自我欣赏和自我宽恕去超越任何小鬼。

游戏中的游戏关乎人类的发展。想要很好地教练他人,我们需要先从自身做起。世界游戏从我们的内心开始。

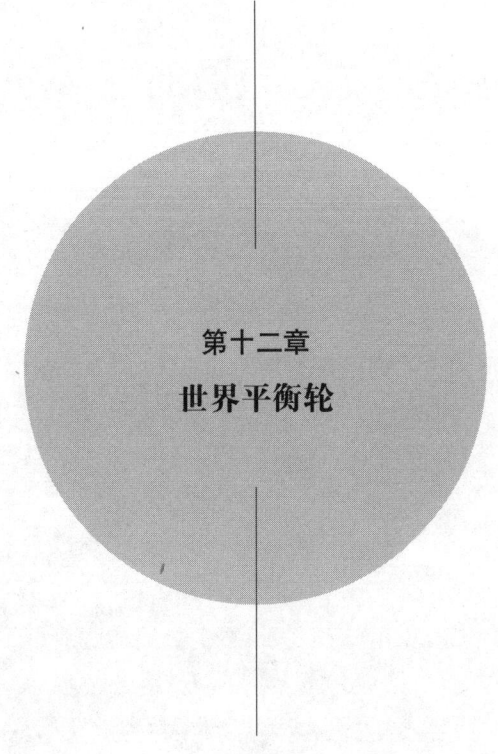

第十二章
世界平衡轮

当你假设这些事情都会成功时,你就可掌握。

——米尔顿·埃里克森

让我们看看这个世界平衡轮吧。我们来测量一下当今世上 70 亿人口的投资回报率（世界投资之回报）。作为世界团队，我们在人类美好生活的基础搭建方面，今日情况如何？假如我们用 1～10 的度量范围去测量当今人类生活的各个领域，这 70 亿人生活得怎样呢？

要过上满意的生活，大多数人想要最佳的体格与健康，和基本的财务保障——足够满足生活的基本需要。大多数人想要一个令人满意的家庭生活，及与好友间令人满意的人际关系。他们希望能够上学，并有学习的机会。他们希望拥有一份有趣的职业，并在享受职业生涯的同时又可以开发自己的兴趣与业余爱好。从当下这些可以度量的领域来看，你觉得目前世界平均满意度如何？

我们可以用平衡轮满意度 1 分到 10 分来决定不同种类的衡量水平，然后把他们整合在一个饼图上。假设在一个关键的区域，总体的满意度是 10 分，10 分代表完全满意，而 1 分代表满意度很低。我们可以快速地发现哪些是世界幸福指数较低并亟须关注的领域。

仅仅假设我们可以衡量人类生活的真实满意度，并可以遍及所有的人，那会怎样呢？假设我们可以对身体上的、情绪上的、关系上的、经济上的还有生态上的范畴给予度量，那会如何呢？假设我们还可以在世界范围内度量投入的质量和工作满意程度，那会如何呢？假如我们度量学习、朋友和爱好的愉悦度，又会怎样？假设我们甚至度量了人们对幸福和个人目标的描述，甚至度量精神发展与快乐——去度量全世界的人们，那又会怎样呢？请你想一想，我们人类 70 亿人的平均满意度会在哪里呢？

平衡轮对自我衡量来说是一个非常有用的"快速测量"工具，因为它是可视的。如果想看到"衡量"能同时显示出较多的可比领域，即使是一个快速的度量，我们也会更好地理解它的有效性。

世界平衡轮也让我们打开了好奇心，主要指标是哪些？主要的因素又是什么？关键的区域是什么？

如果我们把 72 岁作为一个典型的生命来度量投资回报率，会有怎么样的结果呢？哪些领域可以描述一生投资的关键价值？请注意：此时此刻你真的有能力来猜测这个结果。如果你想说也许整个人类目前得到的投资回报率是 50%，其中有一些是好的，一些是差的，生命价值的质量要怎样去描述呢？如果从日常生活的细节来看，它又会是什么样子呢？你根据平日的电视和报纸的数据对这个平均数可能猜得不错，那 50% 的满意度评价，是如何表述我们共同生活的发展意义的呢？

对这样一组平均值的估计，和你在生活中看重的那些方面的自身评估相比，符合程度是怎样的呢？想一想你在工作、娱乐、人际交往等关键方面的生活满意度吧。换句话说，你要把世界平均值的估算，与自己珍爱的方面做比较。

最后，有关自身生活潜力的表述方面，我们要如何描述呢？例如，说到潜在的创造力，大多数人承认他们日常只发挥出真正潜力的平均值 30% ~ 50%。假如我们在投入世界游戏中能发挥 100% 的潜力，那会怎样呢？这会如何改变你满意度的关键方面呢？

评估世界投资回报率的平衡轮

请自己用世界投资回报率做一个练习。假设我们今天能拿到世界所有人的平均值，你是否愿意先来推测一下生活满意度的关键领域的实际平均值？然后，分别与自我评估的对应值来作比较。

你也许会想出衡量人类平衡轮的其他要素，把他们添加到你个人的版本中。然而，我们邀请你在探索这个练习时，就像我们所有人都在一起做这个练习。如何在每个关键领域中，用1分到10分，来找到人类满意度的平均数呢？1分在中心，10分在边缘。在饼图上画出一条线并在线上标出估分，如图12.1。

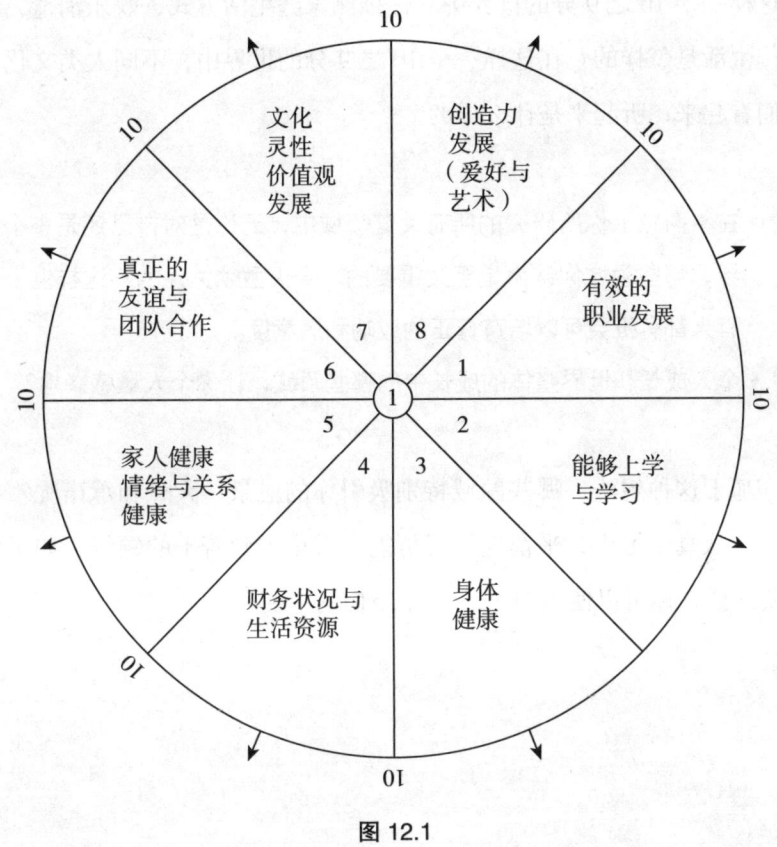

图 12.1

下一步，我们在各个领域中用1分到10分给自己打分，在每个角中用不同的颜色的笔画出一条横线，或者你也可选择把线画在另一个平衡轮上，选择对你合适的满意度并做出标记。在相同或相似的尺度上，你会如何对自己的生活满意度打分呢？花几分钟去思考一下，把你的个人满意度和你对全世界满意度的估分进行比较。最后，再次检查。

让我们稍微想象一下，当人类各个方面的客观打分已经达到10之9分的那个世界。在这样一个世界中的各个领域中，你脑海中浮现出怎样的情景呢？你看到人们每天在做什么？在如何度过一天的时光？在这样一个10之9分的世界中，你推测家庭生活方式、娱乐消遣，和工作生活是怎样的？在这样一个10之9分的世界中，不同人类文化的人们看起来、听起来是什么样的？

- 在平衡轮上你所研究的所有关键领域中，无论是对自己还是整个世界，哪些领域你认为是至关重要的、今天亟须关注的？这样世上所有人都有机会可以培育真正的成功和满意度。
- 个人成长和世界整体的成长中的哪些领域，让你个人最感兴趣？

基于这种想法，哪些领域特别吸引你的愿景、天赋和承诺呢？在短暂的认真学习中，平衡轮练习可能会带你去到若干的领域。如果你需要的话，你可以使用图12.2这个空白的平衡轮。

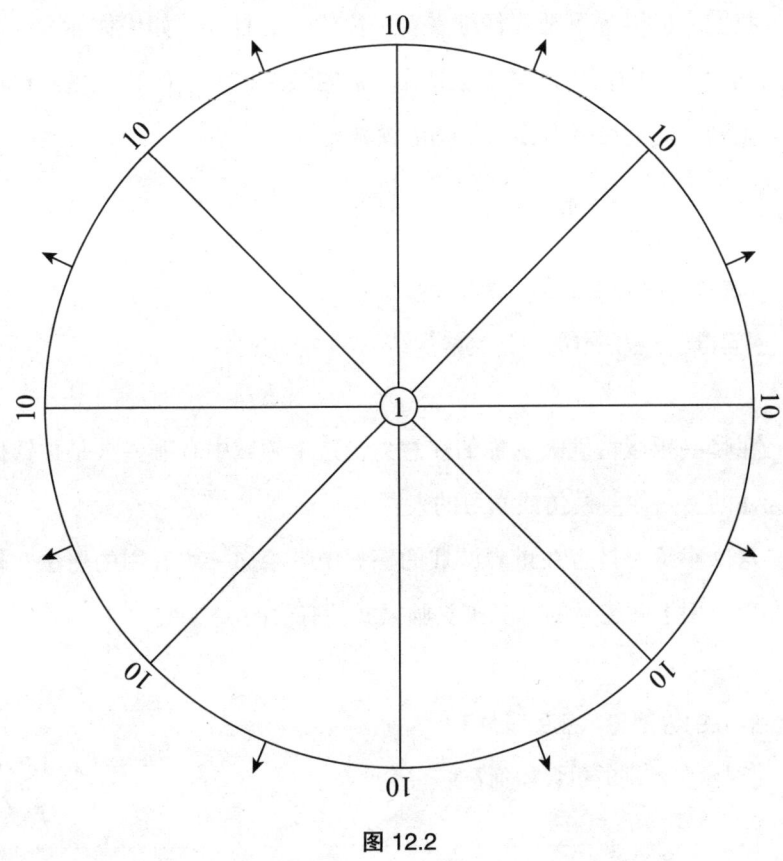

图 12.2

世界平衡轮的愿景

这个世界平衡轮练习真正展示给我们的是什么？对于大部分人来说，它展现了世界游戏有许多的潜在领域"需要"。它对玩家还是一种"召唤"的激励。你可能会立刻看到在具体的领域里可以建立游戏，让人们在游戏中彻底改变命运——这个游戏会挑战你开发自己的领导潜质。

我们来回顾一下吧。仔细看看平衡轮上的打分。如果你能在人类投资回报潜力的任何度量上创造出 1% 的结果提升，而且凭借自己的努力做到，此刻最吸引你的是哪个领域呢？

- 问自己：在哪些领域我可以视觉化出选择，这个选择对我和其他人真的会产生不同——甚至就在今天？
- 问自己：我怎样去打造这样的结果？

在哪些领域特别吸引你的注意力？这个领域中有哪些人是你钦佩其天才的——你要模仿或学习的人？

这个小练习是否在世界游戏的探索中带给你一些有用的想法？你会发现，用下面编号的部分来头脑风暴是有效的。

有效的经济与职业的发展？
（对两个性别的机会如何？）

- _____
- _____
- _____

上学的机会？学习的机会？在哪些领域？

- _____
- _____
- _____

体格和健康？

- _____
- _____
- _____

财务保障？物质资源？

（有充足清洁的水源，干净的空气和电力）

- _____
- _____
- _____

家庭幸福

（家庭，情感/文化）

- _____
- _____
- _____

真正的友谊与团队协作？

（社区凝聚力）

- _____
- _____
- _____
- _____

文化、精神和价值观的发展？

- _____
- _____
- _____
- _____

审美发展

（爱好和艺术）

- _____
- _____
- _____

第十三章
掌控的游戏

我挑战你,看你是否能活出精彩的人生。我挑战你,看你是否愿意成为那些言行一致、身体力行的人。

——安东尼·罗宾

现实生活的一切皆关乎掌控

设计世界游戏成了开发高阶掌控的天赐良机。游戏设计所需的专注和能量，恰恰是我们在生命中的各个关键领域达到掌控所需要的。

如何才能做到掌控呢？掌控尤其需要专注和承诺，而专注又和高能量、实践的愿意紧密相关！了不起的运动员、象棋大师、芭蕾舞者、艺术家、作家和各行各业的战略家，都是实践又实践的。任何领域达到掌控都是一个自然游戏，因为我们必定挑战自我。我们通过能量专注和承诺，在改变自身的能力——都是通过实践！

作为 21 世纪初的人类，我们有一些特别重大的挑战。对我们来说自我掌控最大的机会是什么？尤其是今天的人类，我们处在内部语言掌控的过程中，特别是私人自我的对话。我们一边学着帮助自己专注和聚能，一边与自我意识、目的、积极的自我探索、内在价值和自然乐趣之间保持着自然联系。

第二大挑战是复杂性。我们正处于掌控新"复杂文化"的进程中，学习如何在媒体泛滥的时代保持专注！互联网是一个神奇的工具，但对我们"初学者"也极有蛊惑作用。为了掌握新形式的互联网文化，我们需要打造更多的内在专注力。

这是地球上激动人心的时刻！尽管我们被各个行业的大众媒体轰炸，被互联网的一块块"信息工厂"所轰炸，被广告营销轰炸，但关于内在意识以及外在意识的艺术，我们仍有太多需要了解。在这样的环境下集中注意力，对我们来说是一种真正的挑战。我们需要绕过这些无尽的纷扰。接下来，就是不断地练习！

保持内在与外在的掌控发展而不迷失，是青年人和成年人都非常需要的。当游戏设计了独特的机会从而带领我们进入"下一步"时，游戏效果最佳。我们正在发现如何掌控专注、能量、兴奋以及平衡，从而帮助我们在这一最复杂的时代保持自身清醒。

掌控及使命宣言

使命宣言是为自身以及团队设计的目标声明。它通常宣布要在某领域聚焦发展，以做出贡献或取得进步。我们通过使命宣言给顾客、团队以及未来承诺赋予能量。宣言有益于拓宽思路，让我们看到在未来有潜在进步的领域。世界上许多伟大的公司都是通过品牌设计或创建使命宣言，来构想事业的长足进步、成功或掌控的！

- IBM: 服务超乎想象。
- Marley's: 世界上最好的汉堡。
- Fed-Ex: 不计代价，使命必达！
- 西南航空: 通过热情、友好、尊重和公司精神，提供最高质量的客户服务。
- 埃里克森国际教练：我们是充满激情的国际专业团队，每次对话都是人类发展的活化剂。

请在互联网上查看这些使命宣言并学习其承载的品质。其中有哪个激发你的灵感吗？

何为愿景

你想构建的组织和行动计划有多现实呢？采用对他人本能吸引的沟通方式，是将目标变为现实的重要部分。

真正的梦想家是一旦发现了强烈需求或机遇，便不顾传统观念或怀疑言论如何，仍将有所行动的人。我们人人皆能如此，这并无神秘或超凡的力量。

可视化很有帮助，但不是必需的。是你希望看到一切发生那种鲜活的想象概念，给了他人强大的动力。

一份愿景宣言是一份令人信服的描述，勾勒出玩家享受游戏带来的快乐，及"游戏生命的一天"如何美好。

何为使命

通过愿景，你将专注点给予使命。使命是每天醒来即做的事情——是基于愿景的。

例如，我的牙医是一位有愿景的医生。她所隶属的牙医组织希望借助 21 世纪的研究和进步方法，让全世界的每个公民都能保持健康。每年，她从世界牙科会议回来都是带着完完全全地被激发的愿景来实现她的使命：将一些"最佳实践"用于其患者，其中包括我。结果就是我拥有一口好牙。

将使命落成文字时，我们描述了未来的图景。我们以此为生活创立使命。这意味着我们也可以有充满生机和意义的画面作为我们的指南。

使命宣言发展了行动步骤和实践,并将之向前推动。它并非能预见未来,而是通过当下的行动创造了未来。

世界游戏愿景需要变为"接地气的现实"。这就意味着对于自己和他人而言,世界游戏不是"想象"或"作秀",而是基于真实成就和真实关系之上的现实。你的游戏计划有多现实呢?你拥有一个细节丰富的视觉图片吗?你拥有一个令人信服的使命吗?

这个总体目标是清晰的个人承诺,并用期望的愿景强化。我们需要使之令人信服、有形,且越快越好,用一般现在时来描述。今天就让我们打出使命的旗帜吧!"下一步"的投入从今天的行动开启。

一个强有力的使命宣言应该:

- 反映核心价值
- 表述核心竞争力(你的游戏展示何种独特的技术或方法?)
- 建立基础服务(提供或促销的是什么?)
- 找到顾客

之外,使命宣言越详细,越能有力地帮助个人或团队保持正确方向。请自问:

- 你视觉化的顾客是谁?(自问:我的顾客到底是谁?)
- 你的主要服务是什么?尤其是你的游戏是什么?
- 你对财务生存力的承诺是什么?
- 团队的基本社会规定是什么?
- 团队的主要优点和竞争优势是什么?
- 团队的公众形象是什么?

进步的目标

让我引用《2010年哈佛商业评论》2010年1月刊中发表的《真正能够激励工人》一文中的简短文字：

> 刚刚完成了一份历时数年的研究。此份研究涉及不同环境下数百名知识工作者，通过追踪他们的日常活动、情绪以及动机等，我们现在得知，最能激发绩效的因素——令人惊叹，是在调查人群中排名垫底的选项——是进步。工作中，当工人感觉到他们正在进步，或是能够得到帮助来克服困难时，他们的情绪最为高涨，并且成功的驱动力也在巅峰。反之，当他们感觉在原地踏步，或是碰到挫折无法达成有意义的成就时，他们的情绪和动力最低。

在进步之后，列表中排在第二的因素，是与领导者或团队的积极投入。大量的数据表明，当员工积极投身于自身或与同事的工作时，迟到、缺席、病假或是信任危机等现象，就会大大减少。

与之类似，数据表明，当老师积极全然贯注于学生时，学生就会对学习更加负责，且不想"让老师失望"。这反过来，也会在减少社区内或学校周边地区的反社会行为。

换言之，向着进步、成功、掌控努力是人类的重要组成部分，也是每天工作的重要组成部分。当我们鼓励人们打造自己的传承游戏时，我们的目标正是将进步嵌入他们之中。然而，当我们开始与世界范围的团队一起工作时，其接口会变得更深、更宽。

棋手是培养掌控的典范

没有什么比有效的游戏更能开发聚焦的能量！当孩子对游戏感兴趣时，他们往往会投入与学习一样多的时间，甚至更多。当今，在电脑游戏文化中，孩子到21岁时，投入游戏的时间为1万小时，和学校里的学时一样多。

这其中可以有真正的价值。他们在保持聚焦和能量的同时，也在学习掌控复杂的东西，掌握从短期回到长期专注价值和愿景的能力。

达到掌控需要相信学习过程的勇气。最新数据表明，当我们在任何一领域掌控1万小时时，我们就能成为业界大师。对高段棋手的战略研究表明，专注于不断学习和掌控，需要循序渐进的方法和积极的态度。在此过程中，棋手不断地拓展自身极限。这就意味着棋手必须自我挑战，提出内在"复杂"问题。与此同时，他们还要投身于"下一步"，即使他们在不断学习下一阶技能，问题让他们总是有一种不确定性。

即使有不确定性，我们仍需要有能力继续前行，并且让"内在直觉系统"往深度开发。这些都是生命中的重要能力。为世界设计游戏，已成为我们内心自我掌控的舞台。

设计组织游戏：哪里能找到兴奋点

掌控与创立世界游戏有何联系呢？当我们创建自我发展与工作发展系统，并将其与值得一玩的"大游戏"相连接时，我们便开始创造

"进步拉力"并将其延伸到生活中的更多领域。换言之，游戏场地拓宽了，记分卡更有趣了，而且我们学着以多种方式享受和衡量内在和外在的进步。

任何一款世界游戏都能将培养掌控的方法推得更远，任何世界游戏都给我们提供了多种方式将进步筑入我们生命深处。我们开始珍惜内在成长的过程。游戏开发出一种令人信服的品质，为此我们将人生目标与培养掌控紧紧联系在一起！

世界需要掌控这种态度！将勇气和决心与一个好的游戏相联系时，思维会容易打开。同时我们也体验到行动与学习的流动并产出内咖啡肽来创造能量和意识。我们开始热爱生活！

值得一提的是，当我们将游戏与公共世界联系在一起时，才真正获得价值。在提升愿景能力和强有力的决策能力时，我们同时也在学习团队精神和微调能力去支持其他个体玩家。我们学习如何激励团体并且培养多层领导能力。只有群策群力取得真正的进展并完成重要的社区目标时，人们才最开心。

通过世界游戏，我们掌控了自我发展的游戏。我们所需做的只是将能量集中于值得学习的个人领域上。那个领域只有我们自己决定。

设计世界游戏故事

当我们可以通过以自己的故事激励他人这种方式发展自我时，我们能够学到很多。当我们能够展示人们如何在现实困境中不断走向掌控时，我们的故事才有价值。作为玩家，当我们的目标和承诺宣言足够强烈时，我们才能强有力地培养出引人注目的自我领导力，因为我们用使命宣言燃起了他人投入的热情。

请勇敢地宣布，你的游戏是大于生命的、最好的、最大的，抑或是像动画片《玩具总动员》一样，它是一个世界挑战！让你的愿景超越一切，超越无限！关于未来游戏的结果和庆祝，你的游戏最强有力的宣言是什么？你可以打造一个怎样的故事，让之成为一个引人注目的特色呢？

使命需要掌控达成，用世界游戏故事来阐述这一定义再好不过了。实际上，掌控可以成为他人使用的模式。为了激励他人，我们必须说到做到。

换言之，世界游戏的开展需要幽默的、史诗般的故事。讲故事是一个绝妙且引人入胜的过程，并且能够带来乐观的情绪。当你已经确定了你的目标时，请自问：什么样的使命能让我创造一个史诗般的故事呢？

你想和谁合作

伟大的游戏能够创造社会参与和社会责任。最有价值的是，伟大的游戏能够让我们创造丰富的社交网络。我们享受共事的快乐。我们发现了如何构建信任可靠的社区。

通过游戏，我们证明了自己能够构想一个值得拥有的未来，并且拥有跳出舒适区大胆地支持这个未来的能力。他人看到我们如此执着会被我们所深深吸引。我们在邀请他人来加入我们的游戏，我们定义的这个游戏领域是现实乐观的……即使游戏并不简单。我们如何能以此方式推广游戏让他人参加、参与并一直玩下去呢？

一款伟大的游戏让我们发现自身的领导能力，且创立目标鲜活的规则和角色。游戏必须真的有足够的愿景和趣味性，这样他人才有意愿投入精力和承诺并让美梦成真。你将如何使自己令人信服，从而形成自己的团队呢？

想想最新的现实世界的发明吧，它们皆需共同合作。其中一个艰难然而乐观的例子就是维基百科的创立。维基百科是 21 世纪最有用的百科全书。这个愿景游戏吸引了上千人参与，为后代子孙创造了一份礼物。大家都愿意玩人人受益的游戏。人们是如何通打造并采用这种维基愿景，决心把它做大的呢？用这样的例子去激励自己的游戏吧。

另一历史性跨越是，一个团队通过互联网创立了真正的大学教育。2014 年，一组团队建立了第一所完全免费的大学，一切在互联网上组织，并面向所有想要参加的人。

世界游戏的关键能力

我想建议的是，真正玩好世界游戏需要你的最佳状态。我们的游戏需要下定决心，同时需要高水平的战略规划。它通常会需要学习动力。尽管困难，你决意要学习并进入掌控领域的是什么呢？

我们的游戏还要求玩家在面临不确定性和困难时保持坚持和乐观。它需要勇气面对真正的危险。在多元化的团队中工作时，它还需要培养对他人及其努力的深度欣赏。

成果导向的教练在鼓励周围人成为战略玩家，并为游戏的有效性建立框架：

- 通常意味着学习与不同利益的人一起工作,即便有潜在冲突,也会找到方法保持目标清晰。
- 要求创建角色,并学习改变角色。
- 要求具有"超乎于生命"的思想。
- 要求灵活处理多样性,与不同的人合作。
- 要求多方面创造性发展。

社区竞赛

我们需要学习打造创新型游戏,例如社区竞赛!当人们挑战自己创建"世界上最美的"建筑物,如港口、城市规划、剧院、舞蹈、音乐、艺术等时,他们的创造力就会绽放。我们热爱创造这种"最佳"游戏!

为了使游戏进展顺利,我们需要展示百分百的承诺。当我们完全承诺时,思想就被点子和愿景打开。周围的人也会伸出援助之手。若非有了百分百的承诺,我们永远不会得到如此成果。

这是一个有趣的故事——第一个筛子游戏于3000年前创立时,竟是为了在饥荒中求生:

故事发生在梅尼斯之子阿提斯统治期间,当时的吕底亚处于严重的饥荒之中。刚开始,人们尽量耐心地徘徊,但后来,当饥荒并无任何改善时,人们开始寻求方法来减轻痛苦。他们设计出许多权宜之计,例如发明了骰子、抓子、球戏等。他们用这些游戏来帮助自身度过饥饿的方法是,一天游戏一天吃东西———整整一天不停地玩游戏，以至于没时间去想食物；另一天则只吃东西任何游戏也不玩。用此方法，他们成功度过了 18 年。

来源：节选于查尔斯·卡雷利斯《贫穷的持续：为什么富裕经济学不能帮助穷人》，2007 年，耶鲁大学出版社。

只有在承诺自己有"最好"表现时，我们才会发现自己的"下一级"能力。

当我们迈入 21 世纪时，我断言教练们应当打造类似吕底亚人的专注。21 世纪对全人类来说将面临一个巨大的挑战。专注的掌控能够帮助我们打造高质量的承诺，从而使得我们能在当今世界的有力挑战中胜出。

第十四章
提升人类意识的教练

有勇气并非是因为心中毫无惧意,而是因为明白某些事情比恐惧更重要。

——安布罗斯·雷德蒙

跨越障碍：通往人性的途径

当今世界上已经有了一项伟大的教练运动：旨在改变人类潜能的个人发展教练。在更广的意义上，教练运动中的所有人，都是世界游戏团队中的一部分……难道我们不是吗？我个人强烈认为：当今世界上除宗教运动和政治运动之外，只有一种世界范围的人类发展运动可以改变我们这个星球，那就是教练。

对大家来说，教练游戏搭建了一个框架，让各地的人们迅速认识到，专业教练领这一领域，是真能带来改变的一场运动。当我们展示成果时，我们的贡献应该是有影响力的，是可见的。即使在私人教练的保密报告中，我们也可以谈及协助成果导向教练，并迅速将影响推至人口的2%~3%，因而产生了引爆点效应。我们需要展示这一运动，并公之于众。

我们的下一步就是世界游戏了。聚焦于教练领导力、脱离意识形态、完全开放的一套游戏，将所有的教练和教练学校连接在一起，这些和市场上众多团体竞争逐利的情况截然不同。我们的目标是个人发展定位和价值聚焦。仅此一点本身，就能创造引爆点。

是的，只要你意已决，你自然就是这个团队中的一部分。作为团队一员，你宣誓加入；作为团队一员，你通过"团队效率"不断自醒；作为团队一员，你拥有自己的视角。对周围的人你能提出哪些问题，让他们在当下意识到引爆点的时机呢？

如何提升人类意识

我们需要共同努力,将共同愿景的领域最大化。我们需要共同努力,将这一伟大成果导向运动的潜力最大化,同时将需要传播的部分公之于众,并广而告之。

假如每个人在个人日程之外,多迈出一小步,那会怎么样呢?想一想这影响会是怎样的!忽然间,共有的力量使我们得以高效工作,从而造福全人类。

世界游戏的目标是尽可能地提升人性、拓展个人的内在发展。此外,我们可以有机会把它当作一种团队方法来体验。它让我们感受到一起游戏的自豪感和与各地教练共事的合作感。

每个教练都有必要自己想清楚。你如何看待专业教练团队,包括自己在内。如之前所述,变革的基本框架就是意识发展的本身。这是通过教练所产生的真正结果。

当我们只专注于世上那些不尽如人意的地方时,我们可以在恐惧和焦虑中度过一生,或者我们还可以挺身而出,捍卫人类的发展。对我们每一位教练来说,教练的美妙之处在于,我们每个约谈都可以玩游戏。

自我意识发展包括许多方面。这意味着促进意识集中、清晰、内心和谐、学习动力、适应力、好奇心、承诺和战略发展。在每个约谈中,我们都会将客户的内在意识和清晰思路最大化。

目前,我们可以在100多个国家和200多个城市,看到成果导向专业教练(或潜在世界游戏玩家)的身影。仅将十一法则用于教练,我们就拥有足够大的力量,能对世界意识产生真正的影响。我们付出的时间、精力，不仅要用于自己的教练上，还要用在团队意识上，这样才可以把世界游戏打造得更强大。

世界上的教练数字庞大，而且在精神上能量巨大。我们要为专业人士设计一款体现价值的"智能游戏"。我们希望，即使教练尚未开始，这款游戏已经能吸引很多人，而这些人已经参与到日益发展的全球对话中了。我们坚信，如果我们拥有火种，我们就能点燃熊熊烈火，将教练世界照亮。我们相信，这会引发人们对其他国际人类发展领域的兴趣。我们邀请你和我们一道，在各个层面制定策略。

100% 承诺

每个人都想要让自己的内在潜力超越恐惧思维。现在很多人已经准备开启自己的拓展领导力之旅了。作为教练，你在继续自己的人生旅程的同时，还是激活他人人生旅程的催化剂。

现在，世界可以用到我们了。是时候将高瞻远瞩的教练变成一支军队，变成 21 世纪的骑士了。他们在承诺的马背上翻山越岭，在地球的家园上，帮助那些转来绕去、前景未知、乱作一团的漂泊者们找到方向。人们在期待世界游戏的美好愿景，甚至此刻。我们可以将专注的愿景和确定的目标带给世界。

由于广告和谴责的冲击，大多数人只是断断续续地思考片刻，但尚未想通他们的价值观和人生目标。人们是真的想在无宗教派别介入和无议程介入的情况下，找到自己的内在力量和目标！

作为玩世界游戏的教练，我们需要明确自己作为催化剂这一目标。把玩游戏作为一项工作以吸引更多客户，或是我们看似关心什么，是在浪费时间。旧式的"帮手"真的用处不大，因为他们只会让人产生依赖性。教练让我们能使用专业对话，而之中显现的承诺与愿景是教练对话中的关键部分。我们帮助他人走向独立思考。

世界游戏要求我们坚定一种决心——带着教练状态和100%承诺，倾听客户的心声。大多数人尚未明白，教练是一个真正无建议的领域。作为教练我们清楚，真正的无建议教练可让人们重获生活信念，打开内在连接和创造力的开关，使流动通畅，使人们更加开放地面对幽默和生命的平衡！人们会立刻找到自我发展和生命中自我领导的空间。

所有的教练都已经看到了这是如何运作的，因为我们观察过教练的工作方式。通过教练，我们欣喜地发现人们能够很快地冲破旧的"精神枷锁"，从而成长，直到掌控。这就意味着他们很快地突破了根深蒂固的犬儒主义的老套，担当起了实现美好愿景和价值观的职责。

所有人都能很快地学会100%地步入自己的人生舞台，而那个舞台也自然正是我们更加广阔的舞台，世界性的舞台，社会的舞台。我们教练所能创造的是一个有着同样愿景之领袖的世界，而不是一个CNN播放着恐怖事件、周围充斥着困惑的旁观者的城市。

莫罕达斯·甘地是一个大师级的世界游戏玩家。甘地说"欲变世界，先变其身"。本着同样的精神，我们成果导向的教练们现在有能力在世界范围内全然投入，创造出一个让他人愿意归属的世界。无论是个人还是组织层面，这个世界展示出的是勇气的打造、冒险能力的养成和领导力愿景的发展。

要将之变成一个游戏，我们需要声明这是一个游戏，并提供"标记"。这就意味着我们需要每日给自己做一个标记，来检核我们的态度，检核我们向着"内心引爆点"的进步。这还意味着我们需要建立俱乐部来帮助彼此开拓内心游戏，使之更远更大。当我们的内心意识和团队意识同时成长时，客户的能力也在提升。

呼吁大家行动起来：让你的游戏趣味横生

让我们帮助自己把世界游戏这一概念打造得更强大、更有战略性！我们要想方设法让这个游戏刺激有趣。当我们创造出更多乐趣时，我们也就创造了显著的成果。我们想要构建一个世界游戏纲要，包括创意、赛事、类别和特色等，这会吸引我们所有人。而且，坦白来讲，我们真的希望将这种进步的体验带给每一个人。

当教练致力于教练精神，将之作为承诺实践时，我的建议是所有教练真的要玩世界游戏，要个人通关，而且要学习玩大师游戏。我还建议通过那个游戏，在内心深处，我们真的学习深度聆听，尤其是倾听内心，倾听自我发展核心的心声。

世界秩序愿景的发展

作为一个伟大的人要付出什么，我们每人都有自己的愿景。人生发展的内在游戏，对人们有着不同的吸引力。我们都有自己的选择，每一步，我们都会走自己的路。你和我每人都是按照自己的意愿来选择自己每天的行动。

我们正在为一个伟大、普通而又独特的愿景而奋斗！对个人而言，我们的人生规划都是高瞻远瞩的，也是全人类深远而又正面的愿景的一部分！从某些程度上来说，这意味着我们在忙于用设计客厅的方式来规划我们的世界——对每一个人来说这都是一种活跃的、充满情感的过程。作为教练，当我们为自己精心构建了这样的人生规划，我们就能用"大耳朵"来倾听彼此。我们也能跟彼此分享自己人生下一步和下一个目标的愿景。我们能够鼓励这个过程，就像是煽旺火焰。

"世界秩序"愿景的任何行动一旦强有力地开发出来，就不再容许我们回到以前的意识维度。对于我们教练——乃至最终对全人类而言，一个系统中，任何行之有效的有关爱的行为，一旦变得包容并成了我们的习惯，就不容许我们回到以前的个人藏身之处。我们每人都有自己的"影响范围"，我们真的能够强有力地改变世界。亲爱的教练伙伴们，加入世界游戏，帮助我们一起打造世界游戏吧！

妈妈咪呀和鲁米

你看过"妈妈咪呀"吗？这是2008年上映的一部喧闹的音乐剧。几年前，我是在去加拿大的飞机上看的。从许多方面来说，这是一部荒唐的电影。但一旦把这个关于爱、恐惧、对爱的拒绝等故事转化成"通用隐喻语言"，你会发现一些了不起的见解。电影中我最爱的就是"给我一次机会"那首歌。这是伟大的灵魂诗人鲁米曾经用过的一句诗。

在这首歌里，你会听到对勇气的召唤。一位老姑娘面对老去、孤独的单身汉，鼓励他放弃独自一人时那些孤独的习惯，看到更高生活水平的可能性。她在鼓励他——也是在鼓励她自己——驱除过去所有的恐惧，找到真爱的乐园！

这首歌会在你的脑海里盘旋几周也挥之不去，而这也是理所当然的，因为我们的内在意识系统能真正领会这一清晰的隐喻。我们都被旧的东西所束缚，轻微的恐惧或者是小鬼作祟已在我们身上很久了。是摆脱自我怜悯的旧套，走进真正的自由王国的时候了！

我们（所有人）均面临各种各样的价值挑战，这些挑战会冲击我们的社区，并造成这种信仰危机。我认为这首歌带我们接近了真理，它呼吁我们鼓起勇气。

所有人都需要倾听内心的挑战，从而不断抬起眼来寻找爱的呼唤。在过去的几年中，有多少教练学校的多少份教练技术电子通讯从我眼前掠过，其目的是为了咨询和安抚恐惧的人群。

同时，真正的呼唤，地球母亲的呼唤和世界游戏的呼唤，都是一个警钟。"给我一个机会！"我们会将我们的心灵赋予真正重要的事物吗？

- 我们愿意以真爱之名去除那些舒适地带吗？
- 我们愿意给孩子们和他们的未来怎样的礼物和传承呢？

"给我一个机会"这首歌在召唤！现在，在这个生命点上，爱需要你做出什么呢？这就是创造世界游戏的机会！

- 现在地球已有 75 亿人口，此时的勇气是什么？
- 当许多人遭遇工作挑战、为收入水平降低挑战不寒而栗，又或是文化挑战、环境挑战时，你当下的愿景是什么？

因此，朋友们，我邀请你们真正地接纳世界游戏，把它作为获得真正领导力的一个机遇。给自己一个机会放飞你的愿景吧！给自己一个机会拿出勇气，把创造性和企业家精神投入到你生命中确定要做的事上去。

在这狂野精彩的一生中，你想做些什么？摆脱对梦想的恐惧吧！你是多想有一个机会来释放自己的心灵呢！为了拓展内心自由和真理的空间，你会让自己牺牲多少舒适呢？

去掉所有的受害人标识，迎接内心的声音吧！

你需要怎样的机会来吐露你的心声！作为教练，你怕哪项技能会冒犯别人？摆脱对冲突的恐惧吧！给出你拥有的一切！

地球母亲把她最好的东西都给了我们。生命使我们的机遇充满了神奇色彩。哪些世界游戏的目标可以真正照亮你的内心愿景呢？

你真正想有机会做的是什么？

做你自己！让对世界游戏的憧憬变成你无怨无悔追随的路径。让你的愿景插上翅膀，无畏地飞向心灵的召唤。鲁米说："即使你打破了誓言一千次。来吧，再来一次，来吧，来吧！"给爱一个机会成为你的目标！

第十五章
成为社会企业家

授人以鱼,一日之需;授人以渔,一生之技。

——佚名

如何开发自己的传承游戏

你的理想世界愿景是怎样的呢？就个人而言，在那个愿景中你的角色是什么？你可以有什么办法将自己的贡献用于打造一款长期游戏，而不是一次性贡献呢？换句话说，你可以将自己的贡献推进一步用于战略愿景吗？

一个重要的方面是"切实可行性"。一个强大的计划将吸引人们关注企业家精神游戏和实践。你将如何通过精心设计的战略计划，将自己的贡献发挥出十倍的作用呢？

从问题开始

作为一名社会企业家，你的第一步可能是对特定、有潜力的"领域"进行"突击"，并向过来人提出很多问题。就像你是某个领域的初创者，你需要提问以探索他人在相似领域的努力，尤其要探索在长期前景的增值结果。

你在构建一个商业计划。这需要细心思考并有战略思维。你要问自己：

1. 谁将会是你理想的客户或受众？
2. 你将如何吸引他们去关注你的服务或你所提供的机会？
3. 你将如何让他们产生浓厚的兴趣？
4. 你的建议为什么会得到他们的注意和承诺呢？有些人已经通过你的潜在传承贡献途径，取得了类似的一些成就，你可以把这些案例展示给他人吗？
5. 你将如何帮助他们构建愿景，使之勇于向前迈进一步呢？
6. 你的努力如何为他人所用？

什么是战略性的世界游戏呢

你想开发一款特定、独特的游戏吗？首先，在外部选择一个目标。一旦有了外在目标，你就可以开始发展自身的领导力潜能了。我们都需要在比赛的环境里玩一款可度量的游戏。那么，你的门柱可能会是什么呢？

关于如何创建自己的世界游戏主题，你所拥有的刺激的、大胆而又专业的大创意是什么？你会如何创造出类似"保险杠纸贴"的创意呢？它可以是个噱头，可以很有趣，但首先必须是一个值得玩的游戏：一款可以拓展游戏的游戏……在努力过程中能产生一些强健、顽强的内在意识变化，或举世瞩目的成效。

问一问你自己：什么能将一款正向的挑战游戏，甚至是一款祝福或传承游戏，变成真正的世界游戏呢？

如何让你的愿景游戏既有说服力又流行呢？当采取一点点行动时内在或外在都得以进步，而这些进步直接导致了愿景计划之开发技能的诞生。

衡量世界游戏的成果是很实际的，就像任何足球比赛或者是篮球比赛，我们需要记分卡来让球员保持聚焦、学习。有很多实用的度量方法可以衡量领导能力、客户服务、情商、学习力或者社会变革，请寻找有力的度量方式！我们要采取各种各样的度量方法让游戏更具吸引力。寻找到的度量方式越多，就越容易创建价值游戏。

合作还是自创

着手于草案规划时，有个很重要的问题：你想如何开发你的战略性绩效路径呢？具体地说，你是想加入已涉足的领域（无论进展如何）的组织呢，还是你想独辟蹊径呢？

对多人来说，独自开启有些太突兀。也许你想把个人精力搭载到你可信赖之人已然开启的工作框架中。搭车要搭明星车。

游戏的设计要与能力相符

贡献是一款了不起的游戏，每一个项目都通向领导力。只有想着有效贡献，我们才能将自己打开，接受更深入地学习、爱和潜在的幸福。很好奇你当下的生活和活动是如何用于真正贡献的。还有，这个游戏对你有什么益处？设计一款可以让你摆脱内心狭隘的游戏吧。

下面是一些需要考虑的助推手段。

专业游戏

通过自身的职业，你可以有哪些贡献呢？比如说，你是医生吗？无国界医生组织制定了一项政策，他们会将自己的一部分时间用于他人的健康和培训。

对于专业人士来说，现今世界上有许多预设的"时间赠予方案"是可以利用的。你可以利用假期来教课一段时间、建造房子一段时间，或者照顾病人一段时间，来帮助那些缺少机遇的人。

"祝福游戏"开启的例子

基础的祝福游戏常常是很棒的开端：

1. 开发明确、可度量的成果。
2. 学习并掌握技能。
3. 为一起投入的人贡献价值。

以下是个人关于这些问题的回答：

- 你的兴趣在哪方面？
  回答：儿童、流浪者、老年人。
- 游戏的目的是什么？
  回答：一款可以减轻老年人孤独感的游戏。
- 你的游戏如何与众不同？
  回答：孤独的老年人越来越多。我的游戏将帮助他们将时间用于参与社区活动。
- 你将采取什么行动？
  回答：我将会在那些感兴趣的老人家中放置摄像机，创作一些可以将老年人和放学后独自在家的孩子联系起来的节目。这样我的游戏可以达到双重目的。
- 成功可衡量吗?

  回答:可以,我们可将调查前后的结果进行对比,从而衡量。
- 游戏好玩吗?

  回答:是的,我可能会进行一次真正丰富多彩而又有趣的推广,这将会让老人感受到生活有目标感,让孩子们感受到连接感。
- 你将如何把这款游戏推广至全世界呢?

  回答:我将创建一个由公司赞助的特许经营项目。这个项目会给每一个参与者提供简单的视频摄像机,因此成本将不会成为障碍。

根据这一系列问题,你可以逐步制订一个计划。你的下一步就是从多个角度仔细地探索这个计划,与潜在的利益相关者讨论,创建试运行,制订应急计划,并逐步推出一些证明可行的项目。然后,你就可将项目公之于众,并将经过测试并证明可行的游戏推广至多个社区。

红十字会、戒酒无名会、无国界医生组织,及更多的机构的历史,确切印证了我们所描述的这种发展过程。每一个案例中,组织都是一点点地建立,但是却有着梦想般的使命。

一个人的愿景要经受现实世界应用的考验。一个人的使命可以扩展成各种各样的形式。当他人看到游戏值得一玩时,他们会逐渐投入其中。现在,拓展的传承思维在世界上展现了其价值。游戏参与者的领导力和爱,都变成了每一位与之接触者的灵感。

把营销做得好玩

选择一款游戏,创造一个主题,然后广而告之!

选择一个主题,发明一个独一无二的活动。主题会赋予游戏以特色,并以独特的创意、鲜明的色彩和乐趣吸引公众的注意力。有时,独特有趣的活动会得到价值数千美元的免费新闻和版面,从而可以与多人分享。

花点时间学习营销和推广吧。媒体在寻找故事,因此你的世界游戏应有足够的故事来吸引人们的注意力。你的想法可能会广为传播——像"思想病毒"一般在生命里快速传播。把故事讲出去是关键!

- 做一篇新闻稿。让它听起来像一个故事,而不是像一则广告,关注在每次令人叹服的讲述和采访后涌入的玩家和支持者。如果可以的话,用细节将所有的新参与者链接到博客上。
- 创建一个网站。
- 创建一个免费的博客系统网站,在这里你可以发布、更新信息,还可以招募玩家,分享成功!
- 开发出一个真正的大奖,然后告知媒体。

你可以提供一个大奖以美化你的游戏!你可以为竞赛设置付费环节,然后把将费用分别用于奖金和世界游戏事业。

网络社交媒体游戏

在 2014 年，一种游戏吸引了人们极大的兴趣，那就是社交媒体游戏。在这个游戏中，人们可以通过互联网设计自己的整体链接。今天，我们拥有前所未有的机会，通过互联网和媒体参与成果导向的游戏，不是一种，而是多种。来自世界各地的群体现在可以聚集在数字篝火旁，共举同一事业。互联网为我们所有人开启了途径，让我们通过这种路径为自己、后人和企业的共同的未来而开发传承。所有的游戏都包含一个永恒、引人注目的信息：我们的目标是"唤醒"自己、"唤醒"地球，让我们拥有更积极、更包容的个人选择和社会选择。

如果你的传承游戏或世界游戏的目标是国际市场，那么社交媒体营销就帮上大忙了。社交媒体营销包括脸书、推特、领英等，都可以助你开启事业。各种媒体都可以帮你接触到世界各地的各部门的人，甚至可以足不出户，而且这些通常是免费的。

21 世纪的技术已经为教练们开启了新的机遇，让教练们可以接触到世界各地的各个领域，及以往很难触及的文化，因为这些曾被教育、政治或者是语言的"玻璃天花板"所阻隔。

互联网的美好之处就在于，它可以将我们与可能永远不会相遇的人们联系起来。志同道合的人会因为共同感兴趣的话题而聚在一起，许多人可能会出于兴趣而投身于一伟大的项目之中。

互联网游戏最常见的往往是简单的祝福游戏、一次性的活动。你能想象通过对媒体的进一步利用，来构建更大、更一体化的"共同传承"活动吗？假如你创造了什么东西，可以让自己的网络社区变成大型项目的启动平台，那会是什么呢？你将如何帮助成员们在一起工作呢？

你有什么特殊的才艺吗？音乐家和艺术家可以贡献出他们的天赋，同时也可以给予很多人才艺展示的机会。

社会企业家精神贡献者之营销模式

为其他的社会企业家创造营销机遇，你能贡献些什么呢？你可能会安排介绍：把他人带入教育领域或行业，创建试运行，也许他们自己会发现机遇。你在向人们展示承诺自己和进一步承诺自身资源的宝贵方法。

在我们对一件事情真的有意愿采取行动之前，通常对一个机会需要探索至少三次。你能用你的营销技巧让机遇变得可行吗？你能建立一种吸引潜在的合作伙伴的贡献途径吗？

你是一名互联网专家吗，或是网页制作专家？社会企业家精神的领域需要你的服务。你如何通过视觉营销技巧来吸引他人呢？

你是电影或者视频设计的专业人员吗？再重申一次，请考虑创作视频，视频可以表现人们对承诺与贡献机会的兴奋感，从而使得他人为世界游戏事业奉献时间和精力。

吸引你的游戏玩家

构建一个愿景，并且开始谈论！口碑往往是推广游戏最强大的手段！想一下跟你谈话的每一个人在区区24小时之内都有机会和其他更多人交流。如何在短短的几分钟内，用简短的几句话，激励他们帮你传递信息呢？你需要构建引人注目的愿景，并赋予它引人入胜的价值导向。

首先，清晰明确。将成功案例用视觉方式展示给他人。如果可能的话，将大家带入行动意象，然后将可度量的部分用图表展现出来。向大家展示一点点行动如何会有很多的产出。向大家展示一个多产项目的逻辑层次，如何能创造出相应的可持续成果。呼吁大家行动起来。

愿景和贡献携手并进。如果你为自己和他人创造了清晰的视觉影像，每个人都会参与进来。当注意到影像在头脑中出现时，恐惧便烟消云散。

影像，对于大脑来讲，就像真实的体验。看过三四次影像，或经过几番备选方案研究之后，我们的信心会变得更强。

如何让别人有兴趣与你进一步探讨呢？当你将世界游戏中你的自主品牌（而且你自己就是玩家）告知他人时，人们会看到你的勇气。就像各种形式的领导力一样，勇气这一品质会吸引他人！我们喜欢无所畏惧、活力四射的人！不管他们是谁，我们都暗暗祝其成功。

正如我们从引爆点的讨论中知悉，你只需要得到足够多的人对世界游戏发生兴趣，就可以引发雪崩了。如果你已创建了一款很有吸引力的游戏，游戏一旦开始，它就会自行向前发展。虽然你在咆哮的海面上行驶时还需把握创造之舟的方向盘，你的游戏很快会穿过共同利益的河流和海洋，因为你的游戏本身就是如此有力。

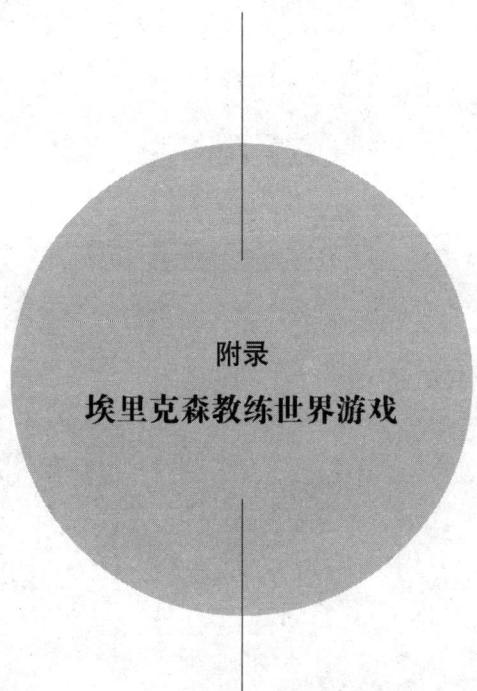

附录
埃里克森教练世界游戏

埃里克森的方法

埃里克森教练世界游戏几年前就开启了，目前已在创造小型雪崩。在加拿大大不列颠哥伦比亚省温哥华的埃里克森国际总部，有一个小团队一直致力于一系列特殊项目，目前就包括埃里克森世界游戏。

埃里克森世界游戏的目标将人类努力的一个关键领域——意识发展——作为教练贡献之舞台。通过教练意识发展意味着我们需要有能力自己做这项工作。我们埃里克森教练，更要言行一致。

埃里克森世界游戏的总体方向，就是使成果导向教练的结果最大化，使之成为系统发展人类意识的媒介。埃里克森的教练都熟知埃里克森的五大原则。我们看到，当人们重新与生命中独特的目标连接时，他们的生命之花绽放了。

如果你是一名埃里克森教练，我希望邀请你进入埃里克森世界游戏来真正地体验这个游戏，为我们周围那些"将成就一番大事"然而资源有限的人奉献。教练提供了很棒的"意识天赋"。如果我们以教练为生，我们则可以每天付出各种天赋以换取生计。

我现在把这份邀请发给各种各样的埃里克森教练。欢迎你有兴趣探讨如何创造一款不分流派的"大游戏"。还有谁想玩埃里克森教练世界游戏呢？谁想变成这款游戏的全明星玩家呢？

度 量

如果你想和埃里克森玩,我们想要你有切实可行的度量方法,以建立清晰的游戏开发图,并将注意力集中在客户真正长期的激励上。

在埃里克森,我们在个人发展和领导力发展中使用约 20 种度量方式。如果你有任何更多的度量策略,我们将非常感谢。我们需要更具体、更精简的方法来度量世界游戏成果。我们在世界教练合作中,还有哪些积极成果能够回馈给整个世界呢?

协商、研究与应用

埃里克森国际教练机构正在为引发全球对世界游戏思维的兴趣打造势头。

从 2012 年秋季,在英国伦敦,继而到 2014 年 4 月份在伊斯坦布尔,我们召开了一系列会议。每场会议的目的都是在教练打造自己的个人传承游戏时,给予支持;每一场会议都是为了激发愿景思维;每一场会议目标都是支持成果导向的多维方法,以面对世界挑战;每一场会议都邀请了实务教练,通过游戏和探讨去探索世界游戏。这些会议促成了世界范围内的活动剧增,无论是个人游戏还是更多的会议。

通过 2014 年在加拿大温哥华、印度尼西亚雅加达,2015 年在法国巴黎、印度德里、土耳其伊斯坦布尔、俄罗斯莫斯科、波兰华沙等一系列的地区会议,埃里克森正在世界范围内激发兴趣。

所有这些会议都将在埃里克森网站、"脸书"、微信和领英上得到很好的宣传。在"脸书"上，你可以进入**埃里克森世界游戏**网站，这个网站对所有人开放。"脸书"还有世界游戏的粉丝专页。最后，你还可以在互联网上找到埃里克森世界游戏网站，那是在2014年夏天创建的。若想要得到关于区域会议和玩家的进一步的信息，请发送邮件给 info@erickson.edu、steve@erickson.edu 和 Kasia@velocitylearning.com，或者去 www.erickson.edu 这个网站仔细查阅文章和博客中的帖子。你还可以去浏览2014年创建的 MarlynAtkinson.com 网站。

然而，这种伦理都是干巴巴的政策；除非你，这个实务教练，与我们一起追寻世界游戏的愿景。

教练游戏助学金

通过为教练训练提供奖学金，埃里克森学院继续鼓励发展中国家以及为发展中国家人道主义组织工作的人们，提供教练训练奖学金。你可在我们时事通讯的世界游戏奖学金公告中了解更多信息。

作为跨国教练学校，埃里克森学院及其合作伙伴每年将会向来自贫困地区或国家的学员，提供30份世界游戏教练训练奖学金（而且，有时会是全额奖学金）。我们也会为那些策划出精彩游戏的人提供奖学金，游戏需加强以下几个方面：

- 世界上的特定人群及其健康、学习和文化；
- 环境解决方案；
- 简化或拓宽人类发展所需的经济、教育和文化技能；

- 在世界的多重环境中，教练本身的生存能力与发展，包括有特殊挑战的人群。

博客发布

假如你创建了一款强大的游戏，埃里克森会将之推出！埃里克森世界游戏博客每月都会选择一款游戏来进行宣传。我们的博客不断壮大，目前已经发展到了 35 000 篇，因此它可以通过为你的游戏集聚玩家而支持你。你可以将相关信息集中成一段文字，送到我们加拿大不列颠哥伦比亚省温哥华的办公室。

埃里克森世界游戏的"脸书"网站也是可用的。你可以加入这个网站，贴出自己的游戏，向他人寻求支持，然后让他人选择"喜欢"你的传承游戏并支持你。

埃里克森的三个暑期教练教育项目

在 2014 年和 2015 年，埃里克森国际学院正在计划资助三个特殊项目，然后创建一个非营利团体，使这三个项目持续运行。这些将会是暑期教育营地，可供那些没有资金的人士参加，得到教育以成为 ICF 认证教练。这些课程将会由埃里克森认证的培训师发起并进行培训。我们希望在今后的几年间里可以增加更多的网站和项目。

这将是埃里克森主要的世界游戏项目之一，并且我们打算长期发展。埃里克森将会承担启动需要的直接费用——在某些情况下，会包括土地、建筑、培训师差旅费和一些其他的费用——并要求培训师贡献时间和其他他们乐于奉献的资源。换句话说，埃里克森将会选址，并以持续稳定、进步的方式来发展这些项目。从目前看，有三个领域是可行的，我们想要在这些地方启动项目，然后再发展到更多地方。

1. **牙买加**。为了让项目可行，也为了让国际大使住得舒服一些，我们正准备购买国际酒店附近一块5英亩的土地。我们想要建立一个用于各种形式的夏季训练项目培训中心。每个初级培训师都将有机会申请教授一个模块的课程。潜在的申请人将来自加勒比海国家。我们建议用英语和法语授课。

2. **中国**。来年，我们希望为暑期班设立一个试点项目，开始用讲普通话的初级培训师，实行密集型培训。我们还打算寻找一个永久性场地。

这些项目将会由志愿者实施、管理、执行。参与者将对该地区的食宿有资金需求。潜在的参与者将是那些在自己职业领域中显示出领导力潜力的人，他们来自资金匮乏的社区或者文化背景，但我们的评估认为，他们的愿景与贡献潜力对其社区的世界游戏发展是可行的。我们会寻找教师、社会中有资源的人士和其他有贡献经历的人。目前，我们正对这类奖学金设定申请标准。

我们每一个项目都需要一个协调员，每一个夏令营模块也都需要培训助理。如果你看到了这类项目的潜力，并且对贡献感兴趣，请加入我们。我们将需要各个阶段的宣传和营销来帮助我们打造这些项目，以支持每个班的潜力都达到最大化。然后，我们需要跟踪到底，支持毕业生们把教练式的领导力、教育、企业家精神和创造力带到他们所代表的各个领域和社区去。

2015年夏天我们组建协调委员会,并物色到了如个人项目协调员这类核心角色的志愿者。这成为了游戏计划的启动2015年我们的常务委员会已经到位。2016年我们在巴厘岛成功的举办了第三届世界游戏大会,现在如果你想参与就加入我们吧。

我希望你们对这些创意感兴趣。随着项目进行,我们将会发布进一步的报告。请考虑你在这些计划中扮演的角色。作为一名志愿者,你想在这些项目中扮演怎样的角色呢?

当你着手开发世界游戏时,我们会给你找一个了不起的教练

埃里克森创意也很简单。我们将会有教练来协助你着手游戏的开发。你会创建自己特有的传承游戏,并一步一步让其发展。在埃里克森中心,我们会给你找到很棒的教练,在你着手工作的第一个月内支持你。

在我们的温哥华中心,埃里克森国际将会征集教练的名称。当你致力于你的领导力创意、传承创意或是你的祝福游戏方法时,这些教练愿意为你进行长达三个月的教练。

请致电温哥华的埃里克森学院,向奖学金主任讲解你的创意,申请个人教练。有人会在两周内为你提供教练。

请帮助我们让埃里克森成为世界游戏的领导者

作为一家公司,我们的目标就是设计最高水平的世界游戏,这样我们就可以一起玩。

我们要求你填写下面的表格,圈出数字1(低)到10(高),来表示你感觉埃里克森员工、服务和教练培训师是否符合我们设计的标准。请给我们的表现打分,这就是我们世界游戏的目标!我们会把它放在网站上,请你方便时在网站上填写。

员工的专业度

1 2 3 4 5 6 7 8 9 10

真实性和透明度

1 2 3 4 5 6 7 8 9 10

焦点全球社区

1 2 3 4 5 6 7 8 9 10

服务态度

1 2 3 4 5 6 7 8 9 10

愿景和目标的长期可持续性

1 2 3 4 5 6 7 8 9 10

有远见的教育方法(系统性、结构性和科学性)

1 2 3 4 5 6 7 8 9 10

高端技术/尖端科技

1 2 3 4 5 6 7 8 9 10

普遍性/灵活性/教育通用目的法

1 2 3 4 5 6 7 8 9 10

用轻松的评论鼓励继续教育

1　2　3　4　5　6　7　8　9　10

商业意识和战略思维的培训

1　2　3　4　5　6　7　8　9　10

投资回报率：我们教练成功、有效。

1　2　3　4　5　6　7　8　9　10

线上线下服务，以及在36个国家的灵活性

1　2　3　4　5　6　7　8　9　10

对埃里克森毕业生的推荐和商业支持

1　2　3　4　5　6　7　8　9　10

世界社区及合作中心的多样化

1　2　3　4　5　6　7　8　9　10

商业文化改革的全球指导与文化指导

1　2　3　4　5　6　7　8　9　10

游戏日益增长的活力！

1　2　3　4　5　6　7　8　9　10

企业10%的收入用于第三世界教练的奖学金

1　2　3　4　5　6　7　8　9　10

尾注

1. 参见马特·里德利的《理性乐观派》。

    http://www.rationaloptimist.com

    http://joseywales1965.wordpress.com/2013/08/04/the-rational-optimist/

2. www.myhattricks.org

3. http://www.myhattricks.org/sample_mindy.php

4. 见文于2014年埃里克森博客，玛丽莲·阿特金森的《教练的内在成长》。

埃里克森国际教练学院

成果教练的全球领导者。总部位于加拿大温哥华。

由玛丽莲·阿特金森创立于1980年,是一个国际性的教练机构。其独创的"成果教练"体系,已经扩展到87个国家和地区。

金牌课程:教练的艺术与科学(The Art & Science of Coaching)获得了国际教练联盟ICF最高级别的认证ACTP,并在45个国家和地区常年开设线下课程。并且在全球范围内提供各种各样的在线教练课程。

加拿大网站: www.erickon.edu

联系方式: info@erickson.edu

地址: 201-2555 Commercial Dr, Vancouver, BC, Canada V5N 4C1.

埃里克森国际教练学院,于2007年开始在中国推广业务。目前,已经在北京、上海、广州、深圳、南京、重庆、成都、杭州、郑州、太原等地常年开设专业教练课程和教练应用课程。目前是国内培养出最多ICF认证专业教练的机构。

埃里克森国际教练学院在中国主要开设:"教练的艺术与科学"专业教练认证课程;"教练型领导""卓越团队教练"等企业应用课程;"教练型培训师培训""教练型智慧父母""夫妻教练的艺术与科学"等教练进修课程;"教练的内在成长""爱的自由""高级隐喻"等个人成长类课程。

详细信息,请查阅 www.ericksonchina.com

更多信息，请联系我们：info@ericksonchina.com

目前，除上海和广州为埃里克森中国公司直接管理外，还有全国各地的代理商在当地开展业务。这些代理商分别为：

◆ 北京·埃里克森（北京）管理顾问有限公司

◆ 南京·南京慧海星灯企业管理咨询有限公司

◆ 重庆·悦启仕企业管理咨询有限公司

◆ 深圳·深圳市敦敏教育管理有限公司

◆ 郑州·郑州华豫启德教育管理有限公司

◆ 武汉·武汉叩启华道投资管理有限公司